伝説の教師

■伝説の講演

平成27年11月７日京都橘大学で、まさに“伝説”と言える圧巻の講演が行われた。登壇者は、鹿嶋真弓先生。「構成的グループエンカウンター」の生みの親、國分康孝先生（現、東京成徳大学名誉教授）に師事し、大学卒業後、中学校現場でエンカウンターの手法を生かした教育実践を続け、「文部科学大臣優秀教員表彰」など、数々の受賞歴をもつ“伝説の教師”だ。当日は、エンカウンターのワークを随所に織り交ぜながら、その実践の背景を自ら語るという充実の内容で、参加者からの好評を博す。

＊「構成的グループエンカウンター」とは、HP（http://www.toshobunka.jp/sge/index.htm）によると、「エンカウンターとは、ホンネを表現し合い、それを互いに認め合う体験のことです。この体験が、自分や他者への気づきを深めさせ、人とともに生きる喜びや、わが道を力強く歩む勇気をもたらします。 構成的グループエンカウンターとは、リーダーの指示した課題をグループで行い、そのときの気持ちを率直に語り合うこと「心と心のキャッチボール」を通して、徐々にエンカウンター体験を深めていくものです。」

アドジャントーク

① アドジャンで指の数を足して１の位の数字のテーマを話す。
② 話し終わったら「以上です。」と言って、話し終わったことを知らせる。
③ トークは１分以内。一人で時間を使いすぎないように注意する。
④ どうしても抵抗のある（話しにくい）テーマについてはパスを認める。

1の位の数字	トピック
0	心に残るプレゼント
1	心に残る映画・本
2	10年後の自分はきっと…
3	この1年間で嬉しかった出来事
4	今、一番楽しみにしていること
5	好きな言葉
6	タイムマシンで行ってみたい時代と理由
7	自分の元気の源は
8	ありがとうを言うとしたら誰に言う
9	ドラえもんの道具で一番ほしいものは

■トーキング
決まったテーマに沿って、語り合う「トーキング」は、友達の意外な面も知れる楽しいワークだ。
上記は、「合わせアドジャン」のあとに行われる「アドジャントーク」のワークシート（詳しくは、第１章121～126頁参照）。

権利の熱気球カード

－私たちの「権利」のリスト－

＊　捨てていく順番を記入（最初に捨てるものを１、最後まで捨てたくないものを１０）

順位		権利	班のメンバー					
自分	班							
		自分だけの部屋を持つ権利						
		きれいな空気を吸う権利						
		正直な意見が言え、それを聞いてもらえる権利						
		お小遣いをもらう権利						
		いじめられたり、命令服従を強制されない権利						
		遊べる・休養できる時間をもつ権利						
		愛し・愛される権利						
		毎日、充分な食べ物と、きれいな水を与えられる権利						
		みんなと異なっている違っていることを認められる権利						
		毎年、旅行をして、休暇を楽しむ権利						

■「権利の熱気球」

極限状態の中で、それでも無くしたくないものを一つ決める。「構成的グループエンカウンター」のワークの中でも最も有名なものの一つ（詳しくは、第１章127～128頁参照）。

あなたの印象

氏名（　　　　　　　）

		グループの人から見た私の印象に○				
		さん	さん	さん	さん	さん
1	何でもできそうな					
2	包容力のある					
3	心くばりのある					
4	意志が強い					
5	エネルギッシュな					
6	好奇心たっぷりな					
7	あたたかい					
8	ユーモアがある					
9	さわやかな					
10	思いやりがある					
11	話を聞いてくれそうな					
12	誠実な					
13	頼りになる					
14	人を惹きつける					
15	やさしい					

■「あなたの印象」
他人から自分はどう見られているのか。自分だけでは気づかない“自分の印象”を知ることができるワーク（詳しくは、第1章129～130頁参照）。

はじめに～「伝説の教師シリーズ」刊行のことば～

「あの先生の実践をまとめたものを読んでみたいな」とあこがれる先生がいました。その先生のすごさは、公開授業、教育雑誌の原稿、研究会の講座を受けることで知りました。実践の断片であってもそのすごさは、わかりました。ただ、それをまとまった形で読みたいと思ったのです。さらに、若い先生たちに伝え残したいとも思いました。そのような思いで発刊したのがこの「伝説の教師シリーズ」です。

学校教育現場にいる教師が、実践を元に本を出版する。日本の教育文化では珍しいことではありません。しかし、世界的に見るとこれは珍しいことです。現場の事実を記録し、それを文章にし、仲間たちに批判を仰ぎながら教師の実践的力量を高めるという文化や、校内研修会などの制度が日本の教員文化にはあることなどから、これを可能にしていると思われます。

しかし、教員が本を出すというのは簡単なことではありません。日々の実践が第一。また校務分掌などで忙殺されているのが現実です。そんな中で読者が読みたいという内容が無ければ本にはなりません。その上で執筆のタイミングや出版社とのご縁などが上手く合わなければなりません。

本シリーズは、実践の内容は十分すぎるほどあるものの、その他の条件がうまく合わなかったがために、実践をまとめて上梓することがなかった実力派の教師の実践や考えを世に出す目的で刊行されました。

教育という営みは、先達から受け取ったものを、丁寧に次の世代へと渡して行く営みであります。まるでそれはラグビーのようなものです。受け取った者は、一歩二歩と前に進み、後から来る者に受け取りやすいパスを出します。後ろにパスをしながら、社会を前に進めて行きます。

私たち「明日の教室」は、そんないいパサーになりたいと思って活動しています。
本書もまた、その役割の一部を担ってくれるものと考えています。

池田修

伝説の教師　鹿嶋真弓「明日の教室」発！
互いに認め合い高め合う学級づくり

目次

第一章　鹿嶋真弓の学級の作り方
～互いに認め合い高め合う学級集団づくり～

本章は、平成二七年一一月七日「明日の教室」京都本校で行われた鹿嶋真弓先生の講演をもとに、加筆修正をして収録しています。

また同時に、糸井登先生、池田修先生による講演に対応した〝おしゃべり〟も加えています。副音声のような楽しみ方をしていただけると幸いです。

無意識の世界

鹿嶋です。初めまして。よろしくお願いいたします。今日は土曜日ですね。お休みなのに集まっていただき、本当にありがとうございます。

ところで、お隣に座っていらっしゃる方はお友達ですか？　この教室に入って知り合いの方がいたら、自然と隣に座りますよね。よほどのことがない限り。だって、知り合いの人と一緒の方が気兼ねなく過ごせますから。こういうのをペアリングといいます。大人でさえそうなのですから、子どもたちの世界でも、同じようなことが起こります。

年度当初、入学後とかクラス替えのあとなど、そのままの状態を放置していると、ペアリングがいけないわけではないのですが、いろいろな人との出会いのチャンスが失われますし、小集団でこじんまりとまとまって、教育力のある学級へと成長しにくくなります。皆さんも、出会ってすぐは緊張感も高いと思いますので、リチュアルって私たちは呼ん[*1]

＊1
糸井　この「私たち」っていうのは、鹿嶋先生が研究されている「構成的グループエンカウンター」を指しています。ここでは、まず「出会いの握手」（リチュアル）から始まるのが恒例となっています。

でいるのですが、前後左右で「よろしく」の握手などをしてもらえればと思います。よろしいでしょうか。では、「よろしく」の握手をどうぞ。
　はい、では次に、左右の方と二人組みになってちょっと体験してもらいたいことがあります。まずは右側の方ですが、手をグーにして右手を上、左手を下にして上下で重ねて絶対離れないようにぎゅっと押さえつけます。左側の方は、右側の方の両腕を持って両サイドにひいてほしいのです。中には、負けず嫌いの方がいると「これでもか！」と何度も何度もやる方がいらっしゃいますが、一回だけですよ。私の話を最後まで聞いて、私が「では、どうぞ」と言ってからお願いしますね。では、右側の方は手をグーにして上下で重ね合わせ、思いっきり力を込めて男性も女性も大きな声で「離れるな！」と言ってください。左側の方はとりあえず離れるかどうかわかりませんが、右側の方の両腕を持って、離そうとして

みてください。「では、どうぞ」
（参加者）「**はなれるな！**」

はい、ありがとうございました（結局、手は離れなかった）。

では今度は、右側の方は男性も女性もやさしく小さな声で「離れないでね」と自分の手にお願いしてください。左側の方は、右側の方の両腕を持って、思いっきり「えいっ！」と離してみてください。「では、どうぞ」

はい、ありがとうございました（今度は、いとも簡単に手が離れた）。

いかがでしたか。今、皆さんにはロールプレイをしていただきました。つまり、言われたことを言われたままに演じていただいたわけです。先生方も授業で児童生徒にロールプレイを行ったことがあると思います。*2

今回の場合は、このロールプレイを行ってとても傷ついたということはなかったと思いますが、拒否と受容のロールプレイなどでは、ずっと拒否し続けると、「本当は拒否する私じゃないのでちょっとつらくなった」とか「相手に拒否され続けてつらくなった」とか、心に傷を負うこともあります*3ので、ロールプレイが終わったら最後にはお約

＊2
糸井　この話の流れは、アイスブレイクとしても成立していて、一気に会場の空気がなごみ、さすがだなぁと感じました。皆さん、実に楽しそうでした。

＊3
糸井　構成的グループエンカウンターでは、状況によっては参加しない場合も許されています。この辺りの配慮は、プロジェクトアドベンチャーと似ていますね。
＊「プロジェクトアドベンチャーはアメリカで開発された体験学習法をベースにした教育プログラムです。PAプログラムには強制はありません。挑戦への選択の自由が常に保証されています。個人の挑戦レベルとその方法は、自分自身が決定します。また、自分が挑戦を選択しなかった場合でも、グループから外されるのではなく、グループの仲間にどのような方法で協力できるのかを考えることも選択のひとつになります。」（プロジェクトアドベンチャージャパン公式サイトより http://www.pajapan.com/）プロ

束として握手をして「ありがとうございました」と言って、役割を解除します。では、皆さんもどうぞ。はい、ありがとうございました。

では、先ほどの一回目と二回目なのですが、「離れるな」と言った場合と「離れないでね」と言った場合で、何か違ったぞ、力加減や感じ方が違ったぞという方はどれぐらい、いらっしゃいますか。

では、これから種明かしをしますね。

私は、東京都の中学校で長年、理科の教師をしてきました。ですから、私の話はどうしても理科っぽくなってしまいますがお許しください。私たちの脳というのは、他の動物に比べてとても優秀ですが、使われていない部分がとても多いとも言われています。*4 私たちは、目で見る、耳で聞く、肌で感じる、匂いを嗅ぐ、味わうといった五感を通した刺激に対して、脳や脊髄が反射して、筋肉を使って運動をするわけです。これは理科の世界ですね。しかし、心理の世界、あるいは教育の世界では、「○○しましょう」という言葉を聴いたときどうなるかといいますと、言われた通りにやる子もいれば、言われた通りにできない子

ジェクトアドベンチャーに関する本はたくさん出版されていますが、入門書としては、プロジェクトアドベンチャージャパン『グループのちからを生かす―プロジェクトアドベンチャー入門　成長を支えるグループづくり』（C.S.L学習評価研究所）をおすすめします。

池田　指示は、一種の「無茶振り」であるともいえるわけです。ここに拒絶感を抱く子どももいます。その際、①やらないことを認める。②やったあとにフォローする。この二つのうちのどちらかを念頭に置いておくことは大事だと思います。

＊4
糸井　私たち教師は、もっと脳の働きについて学ばなければならないと考えています。例えば、池谷裕二さんの『のうだま』（幻冬舎）、『受験脳の作り方』（新潮社）などには目から鱗の話が満載です。
池田　『のうだま』はいいですよね。私も『のうだま2』まで読みました。

もいるわけです。全然悪気もなく、何もしない子もいるわけですよね。

それで先ほどのロールプレイですが、脳で考えて一回目と二回目の力の入れ方を変えた方、いらっしゃいますか？　いないですよね。これが無意識の世界です。不思議なことですが、脳が言葉に対して勝手に判断したのです。「離れるな！」と言ったら、気合いを入れて離れないようにし、もう片方の人は「とりあえず離れるかどうかわかりませんが、離そうとしてみてください」と聞いたので、「やってみたところで離れるかどうかはわからないんだ」と勝手に思い込んだのです。つまり、かたや強気、かたや弱気の組み合わせが、離れにくくしたわけです。

次に二回目では、「離れないでね」って優しく言われたから、脳も「まあ、いいかなぁ〜」くらいで気を抜いちゃったのかもしれません。もう片方の人は「気合いを入れて、『えい！』って離してください」と言いましたからね。「離してください」と聞いたことで、ゴールイメージができるわけですよ。ですから、すごい力が入ったと思うんですね。それで、離れやすかったのでしょう。あら、こんな簡単に離れちゃうんだ、という感じを受けた方もいらっしゃるのではないでしょうか。

さて、私たち教師というのは、話してなんぼの世界です。子どもたちにいろいろな言葉かけをしますが、それが子どもたちの無意識の中に入ってしまうと、私たちには気づくことができません。

例えば、「この問題を解いてみましょう」「プリントをやってみましょう」と教師が言ったとき、「はーい、やります！」と児童生徒が行動に移せれば、これはもうオーケーですよね。しかし、そういう子ばかりではありません。「はーい」と言ったもののやり方がわからないからやらない、面倒くさいからやらない、先生の言ったことを聞いていなかったからできないという子もいるわけです。どちらかというと、そういう子のほうが多いかもしれませんよね。

教育に携わっていない方ですと、「何でできないの！」と子どもを責めるかもしれませんが、教育のプロフェッショナルである先生方は、「え、やり方わかんない？」「聞いてなかった？」「どこがわからなかった？」「あ、ここはこうやってやるんだね」「そうそう、できているよ」ってこんな**言葉かけをしながら、どんどん子どものやる気を上げていくんだと思います。**[*5]

ですから、目に見えている行動としてはやっていたとしても、実は最初に皆さんと体験していただいたこの無意識の部分について、私たちもあまり理解できていないのかもしれませんよね。何でこの子やらないんだろう、と思ったら、実は無意識のうちにもう耳を閉ざしちゃう子がいるのかもしれません。[*6] そんなこともあるのかなと思ったので、長くなりましたが、ちょっと体験していただきました。ご協力、ありがとうございました。

教師の思うようには育たない、教師のように育つ

今回、与えていただいたテーマは、「互いに認め合い高め合う学級集団づくり―人の中で人は育つ―」です。「ダイヤモンドはダイヤモンドでしか磨けない」という言葉を皆さんもご存じかと思いますが、私は**人**

＊5 **糸井** まさにその通りなのですが、恐ろしい話です。教師の子どもたちへの言葉かけ一つでまったく違った効果が表れるわけです。

＊6 **池田** 私はこの状態を「心のシャッターを下ろす」と言っています。

もまた、人の中でしか育っていかないのではないかな、と思っています。生まれて初めに出会う大人は親ですが、社会生活が身についていく中で次に出会う大人というのは、教師なんですよね。ですから、私たちは子どもたちにとってすごく影響力があるんだろうなぁ〜と思います。

早速ですが、これ（イラスト1）、見たことありますか。人があっかんべーってするのですが、右側には子ザルがいるんですね。この子ザルは、生後間もない子ザルだそうです。

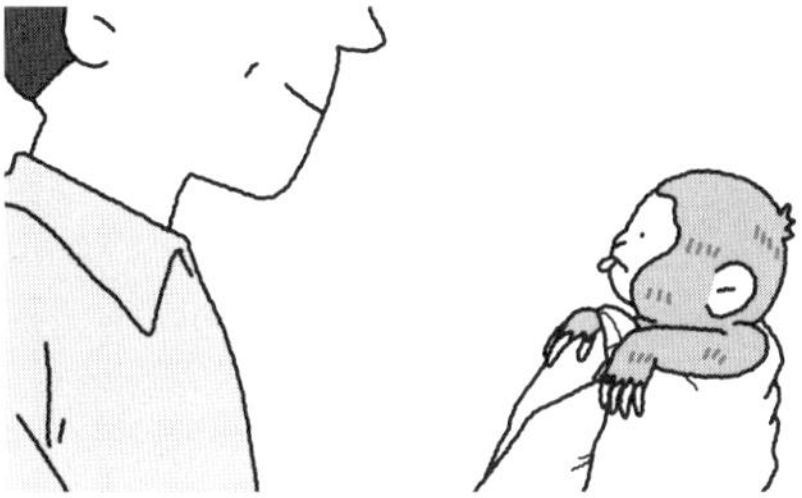

イラスト1

もちろん人間よりも知能は低いですよね。しかし、この子ザルがあっかんべーを見た次の瞬間に何をするかというと、まねをするんですね、サルですからね*7（笑）。すごいと思いませんか。

でも、こういうときに疑って掛かるのが理科なんです。やらせじゃない？って（笑）。皆さんもそう思いませんか。だっ

*7
糸井　これも一種の「刷り込み」とも言えるんですかね。

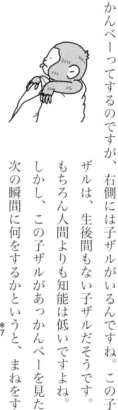

て、たまたまあっかんべーした瞬間をとらえておいて、あとで合成してもいいわけですよね。ですから、疑って掛かって見れば、いろいろなことが疑わしいわけですが……。また、他にもこんなもの（イラスト2）があるんです。これは見づらいですけれど、一応、下にタイムテーブルが出ているわけです。つまり、ずっとビデオで撮っていたということになるのだと思います。

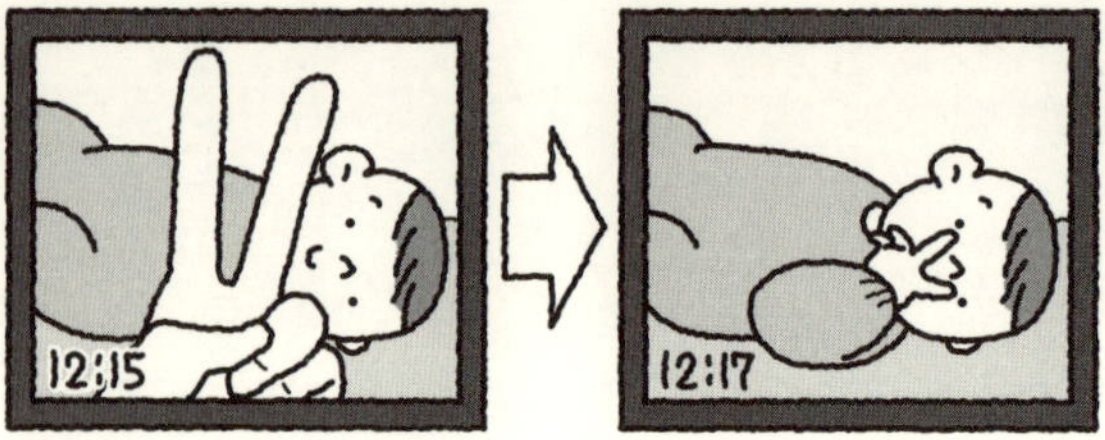

イラスト2

　今度は、おぎゃーと生まれて二週間以内の人間の赤ちゃんです。赤ちゃんというのは、生後すぐにはまだ視力が定まっていないそうです。二週間掛けて、授乳するときのお母さんの目と赤ちゃんの目の距離に焦点がだんだんと合っていくそうです。この赤ちゃんは、とりあえず目の前に手を置いて振ると目で追うので、見えているということがわかっている赤ちゃんです。それで大胆にも赤ちゃんに対してピースしたわけです。もちろんサルよりも知能の高い人間の赤ちゃんです。どうすると思いますか。ピースし返すでしょうね、きっと、なんてね（笑）。

面白いでしょ、これ。ピースはさすがにし返さないんですけど、やっているんですよ。これを知ったときに、私の息子はもう大人になってしまったので孫に期待し……、生まれたとき、「赤ちゃんはいろいろなまねをすると思うから、いっぱい写真を撮ってね」って嫁にお願いしたら、本当にいっぱい写真を撮ってくれました。本当によくまねをしますね。もうすぐ二歳ですが、話し方から仕草から表情から何から何まで母親のまねをするのでそっくりです。

それから、こんなもの（イラスト3）

イラスト3

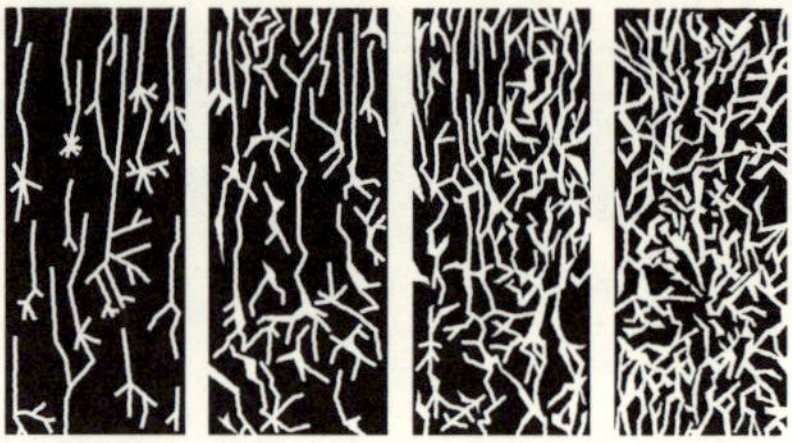

イラスト４　シナプスの形成図

もあるんですね。ベロを出したら、ベロを出す、口を開ければ、口を開ける、口をすぼめれば、口をすぼめる、つまり、まねをしているわけです。

このとき、脳の中はどうなっているのかということを調べていくと、こんな状態（イラスト４）です。シナプスですね。誕生当時のシナプスはこれぐらいしかない状態のものが、生後三ヶ月で、少し密集していきます。生後一五ヶ月になると、こんなに増え、生後二年ですとかなり、張り巡らされた状態になります。

こんなことを見ていくと、学ぶとはまねること。学ぶという語源には、いろいろな説がありますが、[*8]「まねる」から来ているというのも聞いたことがあります。

これも（図１）、随分前に見つかったものの一つなのですが、ミラ

＊8
糸井　確かに「学ぶ」と「まねぶ」「まねる」は同じ語源であるという話はよく聞きますね。

ーニューロンですね。[*9] ミラーって鏡ですよね。前頭葉にあるそうです。このミラーニューロンというのが発達していくと相手の気持ちがわかるような子どもたちに育つそうです。はじめはものまねで、生後間もない赤ん坊のときから育っていく。ですから、生後すぐの親の働きかけはすごく大切で、そのときに親が育児放棄してしまったり、虐待してしまったりしたら、大変なことになってしまいます。

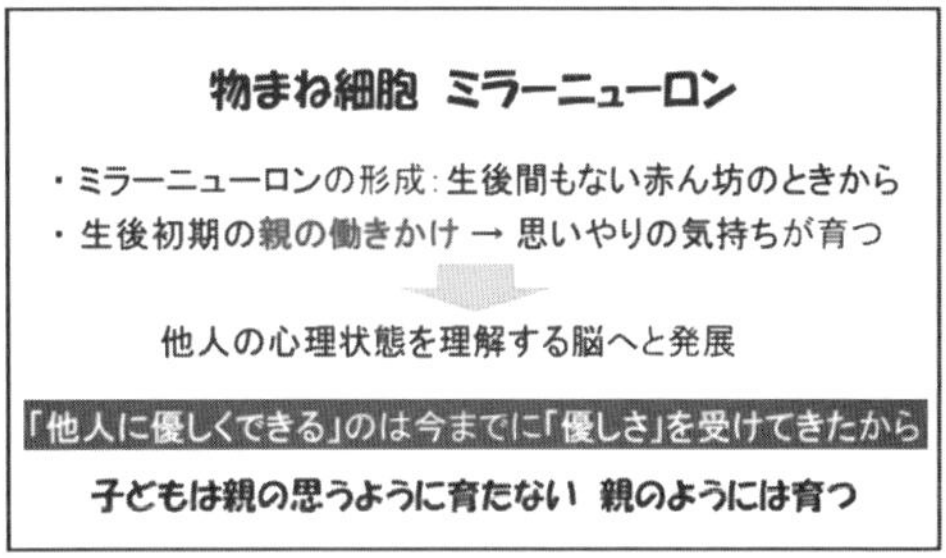
物まね細胞　ミラーニューロン
・ミラーニューロンの形成：生後間もない赤ん坊のときから
・生後初期の親の働きかけ → 思いやりの気持ちが育つ
他人の心理状態を理解する脳へと発展
「他人に優しくできる」のは今までに「優しさ」を受けてきたから
子どもは親の思うように育たない　親のようには育つ

図1

このときに思いやりの気持ちが育つのです。そこから他人の心理状態を理解する脳へと発展していくそうです。ですから、他人にやさしくできるのは、今までやさしさを受けてきたからであって、その経験がないと、人にやさしくするってどうしたらいいのかわからない、と

*9
池田　ミラーニューロンってすごい発見だと思います。言語を持たない子どもやサルが、言語を介さないでまねができるってどういう思考なんだろうと思っていたら、これでやっていたということなんですね。

いうことが起きるのかもしれないですね。*10

子どもは親の思うように育たない、親のように育つ、とも言います。教育現場の言葉に直すと、**子どもは教師の思うようには育たない、教師のように育つ、**のかもしれないですね。*11 ですから、「最近うちのクラス、何か冷たい言葉が飛び交っている……。何かぴりぴりしているんだけど……、あれ？　それって私？」みたいなね（笑）。そういえば最近、忙しかった……とかね。忙しいと言葉が少なくなってしまって、つい間の言葉を端折ってしまうから。決してやさしい気持ちがなくなったわけではないのですが、ついつい短めの言葉で済ませてしまい、そのため、子どもたちからすれば、「最近、先生冷たい」と思うのかもしれないですね。

「ほめる」をやめて「承認」する

次は、山本五十六の言葉です。

やってみせ　言って聞かせて　させてみせ　ほめてやらねば　人は

*10
糸井　経験上、納得できる話です。こういった話を脳の働きから考えるのはとても重要なことだと思います。では、どうすればいいのかという方法を考えることができますからね。
池田　入っていないものは、出て行かない。「だから、しっかりと体に入れよ。本を読め」と学生に言うわけです（^^）。

*11
糸井　なるほど、納得です。「良い子の親は良い親ですものね（笑）。」子どもにとって良い指針となれる親であり、教師でありたいものです。

動かじ

この言葉は、皆さんも聞いたことがあるかと思いますが、ソーシャルスキルトレーニング[*12]の元になっているんじゃないか、とか教育のすべてを表しているんじゃないか、と言われています。

「やってみせ」というのは、モデリングですよね。モデルを示す。こうやってやるんだよって。上手い体育の先生ですと、「今日はマット運動。先生が一回やってみるからね」ってやってみせますよね。それで、「こうやってやるといいよ」って言って聞かせて、「じゃあ、やってごらん」ってさせて見せる。そして、「上手くいったね」ってやらないと育たないということなんですね。それから、この言葉には続きがあるんです。私もびっくりしたのですが、

話し合い　耳を傾け　承認し　任せてやらねば　人は育たず

これはまさに心理の世界ですよね。耳を傾け、これは傾聴ですね。とにかく聴きましょう。そして、話し合ってわかり合うということですよね。承認する。ここですごいのは「ほめる」ではなく「承認」に

＊12 糸井　「ソーシャルスキル」とは、「人間関係や集団行動を上手に営んでいくための技能のことです。例えば、大人の場合、あいさつをしたり、会話をしたり、冗談を言って場を和ませたりすることで、人づきあいを円滑に進めようとすることがあります。こうした方法もソーシャルスキルのひとつといえます。」岡田智・中村敏秀・森村美和子著、上野一彦（監修）『特別支援教育をサポートする 図解よくわかるソーシャルスキルトレーニング（SST）実例集』ナツメ社、一六頁。実例集の他にも「実践教材集」「カード教材集」が出版されており、おすすめです。

なっているということです。

ほめることと承認することには大きな違いがあります。私は今、大学の教育学部の学生と一緒に授業をやっていますが、学生さんの悩みは何かといいますと、どうほめていいかわからない、どう叱っていいかわからない、ということなんですね。

よく言われるのが、一〇歳の壁。一〇歳を超えた辺りから、一生懸命ほめているのだけれど、「おだてに乗せようとしているんじゃないの？」とか「別にそんなことほめてもらわなくても……」といったように、ほめるツボがずれてくる。そうすると、先生たちからすれば、一生懸命その子をほめて育てよう、ほめて伸ばそうと思ってはいても、どこをほめていいのかわからなくなってくる。そこで、この**「ほめる」をやめて「承認」しませんか**、と。私は、こういう提案ができればいいなと思っています。

一つ、こんな話があります。これは山形大学の松﨑学先生[*13]から伺った話なのですが、松﨑先生は、小学校に週一回、スクールカウンセラーで入

*13 糸井　山形大学の松﨑学教授は、STEPというアドラー心理学のペアレント・トレーニング・プログラムをもとに教師教育をされていることでも有名です。

られているのですが、「ほめると承認の違い」がとてもよくわかる話です。

　ある日、小学校二年生の教室に入ったときに、とある女の子がごみを拾ったそうです。それで、担任の先生が見ていてすかさず「○○ちゃん、偉いね」と言ったら、その子はうれしそうに、また拾うんだそうです。それで次の週も行ってみると、またその子が拾っていて、「○○ちゃん、今日も拾ってくれてありがとうね。気持ちいいね、偉いね。あなたがいてくれると、こんなに気持ちよく生活できるね」。そして次に行ったときには、たまたま担任の先生はいらっしゃらなくて、松崎先生がその子を見ていると、その子はごみを見つけて……。でも、その子はきょろきょろって見渡して担任の先生がいないことに気づくと、「ま、いっか」って。つまりほめてくれる人がいないとやらない。ほめるということが刺激になって行動が起こっているわけですから、ほめてくれる人が見ていなかったら、もうやらなくていいかなっていう気持ちになってしまうわけです。誰が悪いわけでもない。きっと子どもってとても素直に、うれしいことはやるけれど、うれしくないことはやらなくなってしまう。では、どう言えばよかったのか。そこで承認なんですね。

例えば、ごみを拾ったときに「○○ちゃん、ごみ拾えたね」。拾えたね、は事実だけ言っているんですね。ほめてはいないんです。「気持ちよくなるよね。ありがとう」。また次も「拾えたね。ありがとう」。「ああ、私はごみを拾える私になったんだ」というだけです。それは**誰かにほめられるのではなくて、〝拾えるようになった私〟がうれしいだけの話になってくる**ということですね。

また、その先生がもう一つ教えてくださったのは……、鍵盤ハーモニカってありますよね。一人の女の子が一生懸命吹いていたそうです。でも、めちゃくちゃ下手なんですって。でも、うれしそうに吹いているんです。多くの大人は、「上手だね」などとほめると思います。でも、その先生は、何も言わずに、にこにこ笑って見ているだけで、ほめないんですね。子どもはほめてほしくて、先生の方を見るんだけれども、先生はひと言。「ねえねえ、今、どんな気持ち？」って聞いたんです。小学校二年生の子に。そう聞かれてもよくわかんないですよね。でも、「今、一生懸命に吹いているってどんな気持ち？」って聞くと、「楽しい」って言ったんですって。それで「そうか。一生懸命吹くって楽しいことなんだね」って。これはほめていないんです。感情に焦点を当てているわけです。

二週間後また行ってみたら、その子は、鍵盤ハーモニカがとても上手になっていたんですって。今度こそほめてもらえると思って、その子は満面の笑みで吹いていたんですね。でも、その先生はまた同じことを聞くんです。「どんな気持ち？」って。それでその子はじっと考えて、「うれしい」って言ったんです。「楽しい」ではなくて「うれしい」って。

するとその**先生は、きちんと意味づけをする**んですね。[*14]「上手に吹けるようになったということはうれしいことなんだね」って。これ、生涯教育だと思いませんか。人からほめられることがうれしいんじゃなくて、自分ができるようになったことがうれしい。これがすごく大事なんだと思います。

＊14
池田　承認では、事実の指摘、確認、意味づけなどのフィードバックを行っていますが、評価をする価値の言葉を入れていないわけです。価値の言葉は、その子どもの行動を外から固定する危険性もあると理解しておく必要があると思います。

私たちは、ほめて育てるということをやってきたのですが、実は、**ほめるというのは承認の中の一つでしかないん**です。事実を伝えるだけでも十分、子どもたちは育っていくんだということがわかりました。*15 承認については、あとでもう少し具体的にお話ししたいと思います。

「見守る」と「見る」の違い

「任せる」ってなかなか難しいと思いませんか。とくに小学校に上がる前の小さい子どもたちに。「どうしてもお父さんにビールをつぐんだ！」などと言うけれど、ビール瓶を開けてコップを持ってお盆に乗せて持って行かせる自信、ありますか。こぼしたらもったいない。「やらなくていいよ、いいよ」って思うのですが、でも本人は少しでも役に立ちたいわけで……。でもそれを任せることで少しずつできるようになる。失敗しながら上手くなる。どこまで任せるかが、すごく大事だと思うんですね。

*15
糸井　このあたりのやりとりは、「アドラー心理学」の中で語られる「勇気づけの言葉」と似ているのではないかなと思います。

やっている　姿を感謝で見守って　信頼せねば　人は実らず

山本五十六

私はこの**姿を見守る**とか、**信頼する**ってすごく大事だと思うんです。「見守る」と「見る」の違い[*16]ってわかりますか。見守るのと見ているだけの違い。見ているだけの先生もいらっしゃいますよね。それって放任ですよね。何があっても絶対に手を出さない。失敗して育つんだって、もうめちゃくちゃになって学級崩壊しても見守っている（？）ってこれは本当の意味の見守りではないですよね。これは見放しているんですよね。「見る」と「見守る」の違いは何か。わかりやすくするために、私の家族の話をしますね。

朝の忙しいときに、パンを焼きます。母である私はパンをトースターにセットして、「焦げないように見ていてね」と息子に言って、他のことをします。そしていざ、食卓にお料理を運び始めるとパンは焦げているんです（笑）。「あれ、見てなかったの？」と息子に言うと、「見てた、見てた」って。「いやいや、見てたじゃなくて、焦げる前に

*16
糸井　私は、「見る」にも「観る」「診る」「視る」「看る」といった違いがあって、どう「みているのか」を教師が意識しなければならないと考えています。

とめてよ」って。そういうことですよね（笑）。

ですから、焦げちゃうまで待っているなってことです。まずいなと思ったら、そこで止めなくちゃいけなかった。見守っていれば、まずいなというところで何かモーションを起こしますが、見ているだけ、あるいは放任している場合は、食べられない状態になってしまうわけです。それは、大きな違いだと思いますね。

この信頼というのもくせ者で、信頼するのは一方通行なのですが、**信頼関係って双方向**ですよね。自分が子どもたちのことを信頼していれば、子どもたちも信頼してくれるかというと、ここがやはり難しい。信頼する・しないで、上手くいく・いかないがあるのかなと思います。

では次に、上手くいく人といかない人という話をしたいと思います。

あなたは、どんな人を信頼していますか

一九八〇年代の古い本なのですが、図書文化がこんなシビアな本を

出すのかな、というぐらいすごい本が出ました。『指導力の豊かな先生』[*17]という本ですが、その中で、「指導の礎としての関係性」というのがあります。ちょっと読んでみますね。

子どもたちが抱く教師への感情

「先生、大好き」「先生、大嫌い」というとき、好き—嫌いと言う言葉に万感の思いをこめて、さまざまな次元から、〝よい先生、悪い先生〟〝できる先生、できない先生〟〝立派な先生、下劣な先生〟といった評価を下し、そしてここが一番大事なところだと思うのですが、最終的には、〝信頼できる先生、信頼できない先生〟というレッテルを貼っている……。

恐ろしいと思いませんか。私たち教師は、子どもたちにレッテルを貼るのはやめましょう、この子はこんな子という画一的な見方をすると子どもを傷つけるから、いろいろな角度でその子のことを見ていきましょう、と心がけていますが、子どもたちは逆で、先生にレッテルを貼るそうです。また、このレッテルを貼るときの期間があるそうです。

＊17
糸井　宗内敦『指導力の豊かな先生』（図書文化）は現在、入手困難。ただし、本書の内容に新たに「いじめ対策・指導」の実践編が加わった、同著者による『先生出番です！　担任教師のふれあい指導』（雇用問題研究会）が出版されています。

先生方は実は気がついていらっしゃると思いますが、出会ってから二ヶ月の間、四月、五月で貼られるそうです。ですから大体、五月の連休が明けたぐらいで、*18 子どもたちは確固たる自信をもって、この先生はこんな先生、このぐらいなら許すけど、これ以上やったら怒るからここまでだなという許容範囲を定めたり、この先生はちょろいと思ったり、この先生は厳しいからこの先生の前では黙っていよう、と思ってみたり……。*19

そして、そういったことを研究したのが、一九八〇年代の「教師の勢力資源」（河村茂雄・田上不二夫「児童のスクール・モラールと担任教師の勢力資源認知との関係についての調査研究」『カウンセリング研究』三〇巻第一号、一九九七年）です。これは面白いんですよ。小学校の児童に、単純にこう聞いたのです。

「なぜ、あなたは先生の言うことを聞くのですか」って。一九八〇年代、ちびまる子ちゃんの時代は、ほとんどの子は「だって、先生だから」と答えたそうです。「だって、先生の言うことを聞くのは当たり前でしょう?」っていう世界だったんです。教師は楽でしょうがないですよね（笑）。

＊18
糸井　経験上、この時期から学級が崩れ始めることを多くの教師が知っています。

＊19
池田　いわゆる「お試し期間」ですね。

ところが、今の時代は、全然そうじゃないわけです。「だって、先生だから」というのは正当性という言い方をしますが、今の時代はどんなのが出てくるかといいますと、「だって、先生やさしいから」「だって、先生私のことわかってくれるから」。これは親近受容性。「だって、先生怖いから」「だって、先生親に言いつけるから」「成績つけるから」。罰強制性。それから、「先生は授業の教え方、上手いから」。これは熟練性。それから、ちょっと気になるデータがあるのですが、「だって、先生かわいいから」「だって、先生きれいだから」というのがあったそうです。

そして、この研究をしたのが、早稲田大学教授の河村茂雄先生[20]です。河村先生は元小学校の先生で、そういうデータを集めて……やはり思ったのでしょうね。子どもたちがきれいと言っている先生って、どんなきれいな先生なんだろうって（笑）。それで会いに行ったそうです（笑）。そしたら、決してきれいではなかった……。わかりますよね。

つまり、子どもの目を通してなんですよ。子どもたちは二ヶ月の間

＊20 糸井　河村茂雄先生は、早稲田大学教育・総合科学学術院教授で、子どもたちの学校生活における満足度、意欲や学級集団の状態を調べることができる質問紙「Q－U」を活用した学級づくり等を提唱されています。

にフィルターを通して、この先生、すごいと思ったら、等身大以上の先生に見ますが、いやこの先生、大したことない、と思ったら、等身大ではなく、下に見てしまう。

そこで、この一九八〇年代には何をしたかといいますと、最初の三日ぐらいでガツンと言えば、一年間無事に学級経営ができて、子どもたちは言うことを聞くぞ、と。*21 そういう時代があったわけです。まだ猫をかぶって緊張感があるときに、ルールと学校の校則なんかを説明して、これはダメですよ、こんなことをやってはいけません、こうやって生活しますよ、と言って聞かせてやっていったわけです。

それで一九九〇年の終わりごろに何が起きたかといったら、対教師暴力。先生を殴ったら、あれ？　大したことないじゃないか、と教師を乗り越えてしまったわけです。そこで先生たちがふと考えるわけです。これはもしかして、最初の三日間でガツンと言うことが正しいことではないのかもしれない。**ルールはルールとして伝えることは大切だけれども、早めに緊張をほぐして温かい人間関係づくりをしてあげ**

＊21
糸井 当時、向山洋一先生などが「黄金の三日間」という言葉を使って最初の三日間が大切だとしてこと細かく内容を提示されました。ここで鹿嶋先生が語られている文脈とは少し異なるのですが。

たほうが、もっともっと子どもたちは自然体の中で生活できるんじゃないか。[*22] ガツンと頭ごなしに言うばかりではいけないのかもしれないと気づいたわけです。

それで、もっと前からやっていらっしゃった先生も多くいましたが、一九九〇年の終わりぐらいからが、いろいろなところで構成的グループエンカウンターのようなグループワークトレーニングとかグループを活用した人間関係づくりが体系化されて研究にあがってきて、本もたくさん出たという時代になりました。[*23] そこから、いろいろな先生方が、レクリエーションをやってみたり、他のゲームも使ってやってみたり、子どもたちといろいろな活動を通して学んでいくということをやったわけです。

では、子どもたちはどんな先生の言うことを聞くのでしょう。それは考えてみると当たり前なのですが、好きな先生です。好意をもっている人の意見や命令には従おうとするけれども、嫌な先生には従いたくない。大人だってそうかもしれないですよね。ちょっと苦手な人

＊22
糸井　このあたりのことを考えて書かれたものとして、野中信行『学級経営力を高める3・7・30の法則』（学事出版）、堀裕嗣『必ず成功する「学級開き」魔法の90日間システム』（明治図書出版）などがあります。

＊23
糸井　前掲（一四頁）PA（プロジェクトアドベンチャー）などがあげられます。

が、いろいろなことを言ってもあんまり聞く耳をもたないけれど、本当に信頼している人、大好きな人から言われたら、ちょっと耳の痛い話も聞いてみたり、違うかなと思っても、まずは聞いてみようかなと思ってみたりすることがあると思います。*24　ですから、好きか嫌いか。もっと言えば、信頼しているか否かだと思うのです。

そこで、「あなたが信頼している人はどんな人か」。先生方には信頼している人を一人、思い浮かべてもらってもいいでしょうか。そして、その人はどんな人かもキーワードで構いませんので、書いてもらえますか。*25

ちなみに私の場合ですが、これまでの人生の中で本当にどん底のときがありましたが、もう誰からも相手にされないかもしれない、と思ったときに救ってくれた人です。つまり、どんなときの私も見捨てずにいてくれた人です。私はこの人のことを、信頼しています。では、メモ書き程度で構いませんので、お願いできますか。時間は一分ぐらい取りたいと思います。どうぞ始めてください。

（参加者各自、課題に取り組む。）

＊24
糸井　まさしく「何を言ったか」ではなく「誰が言ったか」が重要だということです。

＊25
池田　先に読み進める前に、ぜひ、皆さんもメモをしてください。

ありがとうございます。ではこのあと、近くの方、四人ないし三人でシェア、分かち合ってもらいたいと思います。それはこんなイメージです。「私の信頼している人は、こんな人です」と最初の方が紹介し、次の方も「私はこんな人です」、「私はこんな人です」と進める感じです。そうすると、共通するもの、違うものが出てきて、総じてこんな人が信頼されるんだろうな、という大きな枠でとらえることができるようになると思います。

自分だけだと自分のことしかわからないですが、人様の話を聞かせていただいて、みんなはどういう人を信頼しているのかなという枠を広げたいと思います。[*26] 二分ぐらい取りたいと思います。どうぞ始めてください。最初にお名前と校種を言ってから始めてください。

(シェアの時間)

はい、ありがとうございます。話し始めると、信頼している人とのエピソードもたくさん出てきたと思います。では、キーワードでちょっと教えてもらえますか。

＊26
糸井　この考え方が「人は人の中で育つ」という考え方の基本なのだと感じました。

参加者　話を否定せずに最後まで聞いてくれる。
鹿嶋　話を否定せずに最後まで聞いてくれる。
参加者　視野が広い。
鹿嶋　視野が広い。
参加者　アドバイスをしてくれる。
鹿嶋　アドバイスをしてくれる。
参加者　誰に対しても公平。
鹿嶋　誰に対しても公平。
参加者　いつも見守ってくれている。
鹿嶋　いいですよね、いつも見守ってくれている。
参加者　余計なことは言わない（笑）。
鹿嶋　余計なことは……最後の部分、頭痛いですね（笑）。
参加者　悪いときは悪いと言う。
鹿嶋　悪いときは悪いと言う。

ありがとうございました（拍手）。いくつか同じものがあったと思うんですね。こういうのをシェアしていただいた状態で、私は思うんです。目の前に三〇人の生徒がいたら、三〇人全員が私をそう見ているか、ということです。「さっき先生は、あの子にはこう言ったけれど、私にはこう言ったよ」「ひと言多いよ」とかね。あるかもしれないな、と思うわけです。もちろん、ダメなものはダメと言いますが、その子がきちんと理解できているか、最後まで話を聞かずに言ってしまったことはないかな、とかね。ですから、そうやって考えていくと、**クラス全員の子どもからそう見られるような自分でいるということではじめて、信頼関係の双方向になるのかなと思います。**[*27]

ですから、本当に難しい。神業だと思いますね。でも、それを教育者である先生方って、知らず知らずのうちに普通にやっていらっしゃるんですよ。かなりのことをやっているんです。それはやはり先生の凄さだと思います。いや私には無理と思っている方もいらっしゃるかもしれませんが、それでもやはり先生方は、多くのことをやっていらっしゃると思います。きっと、他の職業の方と話をすると、「いや、

＊27
糸井 ものすごく重い言葉ですが、教師の本質だと思います。高学年の女子などは、教師の言動を実によく見ているものです。ですから、教師にはぶれない姿勢が求められます。
池田 （先生は、みんなに平等に接してくれているんだけど、でも私にだけは特別だな）と、すべての子どもが思えるような接し方ができたらプロですねぇ。

そんなの無理無理」って言われると思います。「誰からも信頼される
なんて、私には無理無理」ってね。

直そうとするな、わかろうとせよ

これは國分康孝先生[*28]がつねに言われたことでした。

「直そうとするな、わかろうとせよ」と。

人って「きみね、そこ、まずいよ。まずいから直したほうがいいよ」と言われるよりは、わかってもらっている人の話のほうが受け止めやすいと思いませんか。「そうか、そうだったんだね」と言われたあとのほうが、その人の話を受け入れると思うんですね。

この話をするときに必ず皆さんに例を出すのが、『相棒』というテレビドラマです。ご存知ですか。水谷豊さん扮するところの杉下警部ですね。このテレビドラマでは大体、最後の四五分から五五分の間に犯人を捕まえます。その犯人に対して杉下警部は何て言うか。まさに

＊28
糸井　一九三〇年生まれ。東京成徳大学名誉教授。日本教育カウンセラー協会会長。構成的グループエンカウンターの開発者です。

「直そうとするな、わかろうとせよ」なんです。

こんな言い方、しませんか。

「あなたの気持ちはよくわかります。大切な家族を傷つけられて、あなたの気持ちはよくわかります。だからと言ってあなたのやってしまったことは許されない」と言うんです。それで、犯人は泣き崩れるんですよね。これを逆に言ったら、どうでしょう。「お前のやったことは許せないんだよ」と。そうしたら、「お前なんかに俺の気持ちがわかるかよ！」となりませんか。まず自分の気持ちをわかってくれるから、自分を顧みることができますが、はじめに拒否されて「何やっているんだ！」。そのあとから「わかるよ、気持ちは」って言われても難しいのかなと思います。*29

私は若い頃に、ずっと教育相談を勉強してきました。よく生活指導部と教育相談部は車の両輪であると言われますが、両輪はなかなか上手く動かないと思いませんか（笑）。とくに荒れている学校に行くと、生活指導部の先生も教育相談の先生も本当に一生懸命やってらっ

＊29
糸井　その通りだと思います。しかし、生徒指導などで、ついついこのやってはいけない順序になってしまうものなのです。
池田　相手の負の感情を引き出して受け止める。その後に指導ですね。岡本茂樹『反省させると犯罪者になります』（新潮新書）に詳しいです。

しゃるのですが、教育相談の先生からすると、「あんなに大きな声で頭ごなしに怒らなくてもいいのに」。生活指導部の先生からすると、「甘いんだよ、教育相談の先生は」と言われてしまいます。

私は教育相談をしていて、決して自分では甘いと思っていなかったのですが、「教育相談の先生って、何でもかんでも受容するから、だから甘いんだよ」と言われていました。私は何か違うなぁと思ったのですが、言葉にできなかったのです。そのときにもう少し勉強して、言う言葉があればよかったんですよね。今ならちゃんと言えるんですけれど。

何が違うかといいますと、受容しているものと受容していないものがあるんです。つまり、**子どもの感情はしっかりと受容して、行動は受容しない**。*30 気持ちはわかる、でもやってしまったことは許せないことだと。

*30
糸井 この基本をしっかり確認することで、初めて教育相談と生活指導が両輪として動けるのだと思います。
池田 「♬ わかっちゃいるけど、やめられない」（スーダラ節）で私たちの世代はこれを学びました（^^）。

例えば、ＡＤＨＤの子の場合は、小学校時代も我慢しなさいと言われ、まず座っていなさい、感情に走っちゃダメだよ、カーッとなったらまず三つ数えようね、とかいろいろなことを言われながら我慢を覚えてきたんですね。ですから、中学校に行ってからも、一生懸命我慢をするんです。でも周りは、その子の行動が面白いから、ちょっかいを出すんです。それで、カーッとなったときに人を殴っちゃったり、物を壊しちゃったりする。そうなったときに、「何をやっているんだ！」と言われたら、ずっと我慢していたのに……となるわけです。ですから、「気持ちはわかるよ。だけどね、周りに当たっちゃったのはまずかったよね」といった感じです。

気持ちはわかるけれども、行動は変えていかなくちゃいけないよね、ということを、もっと先生が気づいてあげなくてはいけないですし、そうなる前に手を打ってあげなくてはいけなかったのかもしれないですね。本当は、そちらのほうが大事なのですが、でも実際にそうなってしまったときには、気持ちはわかるよ、と。

私が最後にいた中学校は、普通の学校だったのですが、発達障害の子どもが約三〇パーセントの学校だったんです。それで、ある日、中学三年生の男の子が職員室前で、大きな声を出して暴れはじめたんです。これまでずーっと我慢してきた子ですね。やんちゃな子が二人してその子にちょっかいを出して、反応が面白いからいじって遊んでいたわけですよ。

彼は泣きながらすごい勢いで暴れているんです。[*31] 中学三年生だから大きいですよね。男の先生方が三人がかりで捕まえているのですが、「離せーっ！」って暴れているんです。いや、困ったな、これはもう、らちが明かないなと思って、私は暴れているその子のそばに行って耳元で、試しに[*32]「〇〇君、よほどのことがあったんだよねぇ〜」って言ったんです。彼が何で暴れているのかは、わからなかったのですが、でも、何かあったんだろうなと思ったんです。[*33] そうしたら彼は、「そう。よほどのことがあったの。よほどのことがあったんだよ。そうなんだよ。よほどのことがあったんだよ」と言って、泣き崩れて座り込んだんです。

＊31 **糸井** その場の光景が目に浮かびます。今、多くの学校でこういう場面が見られるのではないでしょうか。

＊32 **池田** 冷静だなぁ。すごい。

＊33 **池田** 「なんでなの？」と聞いても答えられないことがたくさんあります。「何があったの？」と聞くと答えられることが増えます。Why ではなく、what で聞くことです。

それまで暴れていた子の力がすーっと抜けました。自分の感情を出せたんですね。[*34] 何かはわからないんですよ。でも、彼のそのときの状況にフィットするような、彼の琴線に触れるようなことがあって、すーっと力が抜けて暴れるのをやめたんです。男の先生が力づくで押さえつけなくても、**本当にその子の感情が受け止められたと感じたときには、ウソのように落ちつくんだと思いました。**

だからといって、暴れるのはよくありません。でも、それはあとから言えばいいことですよね。「どうしたの?」(話を聞くよ)、「つらかったねぇ～」、と話しながら、じゃあ先生ができることはこれで、自分でやっていくことはこれ、もちろん注意することはこれ、と話していくんだと思います。[*35] これがきっと「直そうとするな　わかろうとせよ」なのだと思います。

＊34
糸井　すごいなぁと思うやりとりです。子どもの感情を受容するというのは、こういうことなのですね。

＊35
糸井　これが「叱る」ということですよね。「怒る」というのは感情の爆発にすぎません。きちんと「叱る」というのは、きちんと振り返りをさせ、今後どのようにしていけばいいのかを考えさせることです。

認知的不協和

次に、私たちの脳には癖があるということをお話しします。これを見てくださいね（図2）。どこに目が行きますか、というものです。左側の円に目が行った方、いらっしゃいますか。右側のとくにこのあたり（欠けている部分）に目が行っちゃった方（笑）。

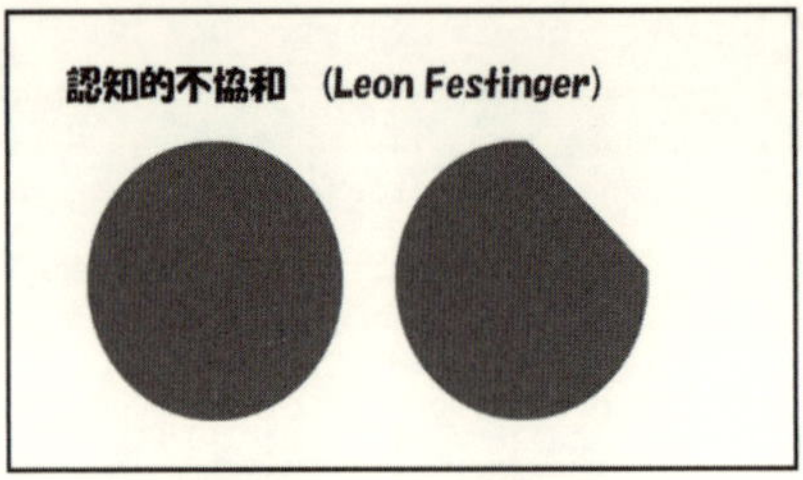

図2

私もそうなんですけど、これはどちらに目が行くから良いとか、悪いとかではないんです。脳には癖があって、ひゅっとこちら（左）にいく人と、ひゅっとこちら（右）のこの辺（欠けている部分）にいく人とがあって、大体九八パーセント以上の方がこちら（右）にいくそうです。自分の脳の癖の中で、どこに目がいくかということですね。

これがもしも子どもの行動に置き換えたなら、例えば、小学校の帰りの会のときに、みんなが後ろのロッカーからランドセルを持ってきて帰りの支度をして待っているのに、まだその辺で遊んでいて、帰りの準備をしていない子がいる。できていない子が一人、他の子はみんなできている。「何やっているの。よく見て、周りを。きみだけだよ、まだやってないの。いつもやってないよね。早くやろうね」ってここ（欠けている部分）に声を掛けるのか。できている子に注目して「早くできたね」って声を掛けるのか。[36] 受けとめ方は違いますし、同じ様子を見ていても、どちらに声を掛けるかは違います。ですから、自分は目がいくのがどちらで、自分というのはどんな癖も持っているのか、ということを知るのはすごく大事だと思います。これを「認知的不協和（Leon Festinger）」と言います。正しい円を知っているから、欠けていると、あれって思ったりするわけですよね。

こんな例もあります。白いシャツを着てカレーうどんを食べる（笑）。カレーがぴしゃっとはねた。ほんの少ししかはねていないのに、目はど

＊36
糸井　学級経営のあり方が問われる場面だと思います。どちらが正解とは言えないものの、「何やっているの！」の繰り返しは避けたいものです。

ここにいきますか。九九パーセントが白であっても、黄色くしみがついた場所に目がいきませんか。それと同じということです。ちょっと違和感を感じるところにすっと目がいくということかもしれないですね。

ですから、私たち人間というのは、そうやって目を向け注意しているところがわかっているわけです。生物学的にも、変化に気づくということはすごく大事かなと思います。いつもと違うことに気づくということですからね。例えば、山火事があったときに、動物たちは「あれ、おかしい」と思うから逃げるわけですよね。その「何かおかしい」に気づかないでいつもと同じ行動をしていたら、丸焦げになってしまうわけです。ですから、**変化に気づくとか違和感に気づくことは大事**なんですね。

どちらにハンドルを切りますか?

子どもたちは、いろいろなことを言ってきますが、ついついその言葉尻を捕まえて、注意をしたら、「うるせーな！」って。また、課題プリントを渡したら、「いらない！」って丸めて捨てちゃって。丸められたプリントのしわを伸ばして渡しても、また捨てちゃう。「ちゃんとやろうね」なんて言葉は通用せず帰ってくる言葉はひとつ、「うるさいな！」。「先生に対して何言っているの！」とつい言ってしまいがちです。しかし、この生徒の心の声は「この問題、難しいんだよ。みんなはできるけど、僕だけできないんだよ、だからやりたくないいんだ」かもしれない。**その子の心の声、感情をつかむことがすごく大切**です。心は目に見えないですから、行動でしか判断できません。でも、その**行動には必ず何かしらの意味がある**んです。[*37] その子の言葉尻を捕まえるのではなくて、その子の心の奥にある感情をつかめるようになるといいなと思っています。[*38]

私は人間ウォッチングが好きなのですが、皆さんはいかがですか。面白いですよね。先生たちって結構、人間ウォッチングが得意なのでは、と思うんです。

＊37
糸井　その通りだと思います。児童の指導でも「こうすればこうなる」といった十把一絡げのように扱われている教育書などもありますが、それは違うのだと思います。目の前の子どもをよく見る。それが基本なのだと改めて感じる言葉です。

＊38
池田　最終的には、その言葉を子ども自身が言えるようにするために、まず一歩目は言語化してあげるということなんだと思います。

東京駅や京都駅には、修学旅行生などたくさんの人が集まりますよね。そういったところで、人間ウォッチングをすると面白いですよ。私が最後に勤務した中学校では、修学旅行や遠足のとき、東京駅に集まります。一二人。普通の学校です。自由選択性で、人気がなかっただけなんですけどね。

私は今、人気がないって言いましたが、でも選んでくれた子が一二人いたわけです。その日に来ている子は一二人でしたが、本当は一五人のクラスなんです。不登校の子が三人いましたので……。もう少しお話しますと、私が赴任したときには、三年生は二四人、二四人の二学級で四八人。二年生が三〇人、三〇人の二学級で六〇人。そして、一年生が二一人。その二一人の子たちは、なんと一五校の小学校から集まって来たんです。もうこれだけでも興味深いと思いませんか。二一人が一五校から集まりましたって言われたときに、皆さん、「あーっ」て思われたことでしょう。つまり、自分の過去を消したい子が来たのかな？　とか、小学校時代何かつらいことがあったのかな？　いじめにあったのかな？　学校に行きたくなかったのかな？　って。そうなんです。何かしらを抱えた子たちが選んでくれた学校だったんです。

ですから、私たちは丁寧な子育てをしましょうという校長先生の思いから、いろいろなことを勉強しました。そのうちのひとつである、行動分析[*39]を学び実践していく中で、わかってきたことがありました。

私は、東京駅に早めに行って、一二人の子どもたちを受け入れる係だったのですが、私の目の前に、大人数の学校二校が、集合していたんです。

両校とも似たような雰囲気ではあったのですが、先生方の言葉かけが対照的なんです。集合時間になったときに、まだぱらぱら遅刻してくる子がいたのですが、一方の学校の先生たちは、「皆さん、集合時間に遅れずに集まってくれてありがとう」と。みんな、うなずいて聞きながら座っているんです。それで、遅れてきた子たちは、みんなの邪魔にならないよう、そーっと入ってきて静かに座ります。

もう一方の学校は、ほとんど集まっていたようですが、やはり同じように遅れてくる子がいました。その学校の先生は遅刻者に対し、

＊39
糸井　行動分析学とは、「ヒト及び動物の行動の原因を個体内部、つまり心ではなく、個体を取り巻く外的環境に求めていきます。アメリカの心理学者スキナーが創始した学問体系で、介護や医療、ビジネス、スポーツ、家庭などさまざまな現場で応用されています。」杉山尚子『行動分析学入門―ヒトの行動の思いがけない理由』（集英社新書）より。行動分析学の考え方が分かりやすくまとめられたおすすめの一冊です。

「遅い！　急げ！」って。すると、遅れてきた子はわざとらしく足音を立てて「別にいいだろー」という感じで、だーんと座るんですよ。最初に紹介した学校では、みんながきちんとやっているから遅れて申しわけないなと、そーっと入って来る。あとから紹介した学校では、みんなに注目されちゃったから、もういいや！　ってふてくされた様子で入ってくる。ですから、**どちらに注目しどんな言葉を掛けるかによって生徒の反応は全然違ってくる**わけです。

できていることに注目すると、できていない子どもたちも頑張ってプラスに変化しようとしますが、できていないことに注目すると、もういいよ、一生懸命やったけれど、どうせ先生は怒鳴るし、とマイナスに変化するのではないかと思います。[41] **子どもたちの行動がプラスに動くかマイナスに動くか、そのハンドルを握っているのは先生たち**だと思うんです。

私の長男は、現在、中学校の理科の教師です。彼が教育実習の期間中に「母さん、大変。今度授業研究をやらなくちゃいけないんだけれど、実験中に生徒がいなくなっちゃうんだよ」って（笑）。「あなた

＊40
池田　できている子どもを認めていくことが大事なんですよね。

＊41
糸井　これは、野中信行先生がよく言われていることです。集団には二・六・二の特性がある。やる子が二割、やらない子が二割。あとの六割は、どちらにもなり得る子。やる子に目を向けほめる。そうすることが、六割の子をやろうとする側に動かすことに繋がる。教師は、まず八割の子をやる子にすることが大事という話です。

は、この班で実験をやるんだよって言ってもいなくなっちゃう。その班のところまで連れて戻るんだけれど、またいなくなっちゃう。どうしよう……」って。それで、どうやっているの？　って聞いたら、「いなくなるから、その子を元の席に戻すんだけれど、次にまた自分が他の班のところに行くと、またいなくなっちゃうんだ。これが一人じゃないんだよ、どうすればいいのかな」って。

実はこれにはいい方法があるんです。私の学校もそういう学校だったので、これはとても簡単。一人の子が他の班に入り込みました。あるいはうろうろと出歩き始めました。すると、すかさず私は、その子がいた班のその子の席に入ります。その班の子たちと一緒に楽しそうに実験をします。すると、この子は何をやっているの？　と戻ってきます。

私はこれを〝こっちの水は甘いよ作戦〟（笑）と呼んでいました。これって、何やっているんだ！　と言われると逃げますし、かまってほしいからそういう行動をするのですが、この子がいなくても楽しくできるよ、となると、やがて戻ってくるんですね。それで戻ってきたら、とくに注意することもなく、今ここまでやったから、あとはよろしくねってバトンタッチして、また別の席に行ってしまった子の席のところに入って、楽しそうに実験をやっていくんです。そうすると、本当に戻ってくるから、試しに騙されたと思ってやってみて、と息子に言いました。彼は「うそー」と言いながらもやってみたそうです。そしたら息子が家に帰ってくるなり、「母さん、本当に戻ってきたよ！」って（笑）。よし、〝こっちの水は甘いよ作戦〟[*42]成功！

上手くいけば続ければいいですし、上手くいかなければ、また他の方法を考えてやればいいわけです。[*43]試しにやってみるってすごく大事かなと思いますね。

ゲシュタルト体験

では、ある映像（図3）を出しますので、何が見えたかわかった方は手を挙げてください。答えは言わないでくださいね。ではいきます。

＊42
糸井 こういう作戦は、授業の開始時間を守らない子がいる場合も使えます。授業の始めに楽しい導入を持ってくるようにして、開始時間になると子どもがそろってなくても授業を始めます。それで、遅れた子は楽しそうにしている学級の様子を見ることになる。何度か繰り返すと遅れる子はいなくなります（笑）。

＊43
池田 これが許されるのが実践の現場です。私はよく言うのですが、「いいと思ったら、法律違反、倫理違反以外は何でもやってみればいい。そうやって命中するものを探せばいい」と。

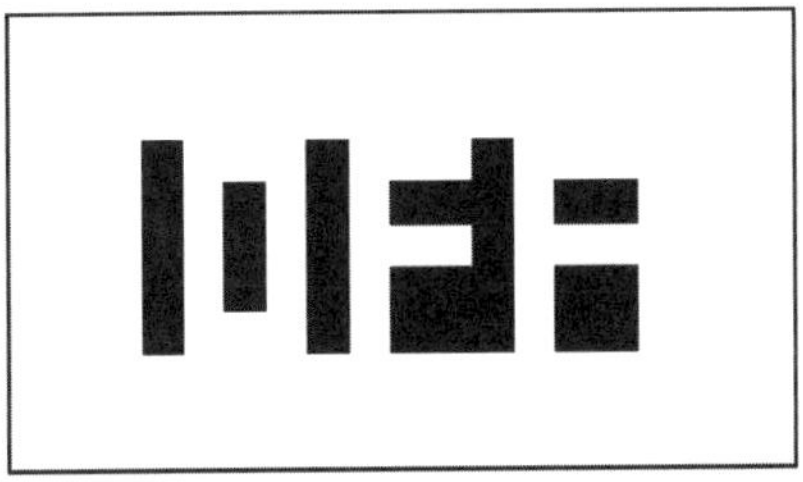

図3

「一人、二人、三人、四人……。早いですね。はい、ありがとうございましたー！」っていう授業は、よくないですよね。嫌な感じがしましたよね。早くできた人にとって「早いですね」はうれしいけれど、まだ考えている人、わからなくて困っている人たちにとって、「よくできたね、早いね、一〇番までに入った人に、拍手～」なんて言われてもね。私たちは、頑張っている子たちを励ますつもりで言っているだけです。できていることに注目しているのだけれども、注目されすぎてしまうと、今度はできない方はつらいなと感じるんです。頑張っているけれど、いまだに見えていない方もいらっしゃると思います。その人の気持ちになってみてくださいね。

一生懸命見ているけどわからない人に対して、こんな言葉はいかがですか。「よーく見て。ちゃんと見て。頑張って！」どんな気持ちですか（笑）。嫌ですよね。ちゃんと見ているんです。よく見ているんです。頑張っているんです。だけど、わからないんです。

ですから教師って、その子にとってうれしいヒント、役に立つヒントを与えているかどうかが大事なんですね。では、この子に対しては、どういうヒントをあげればいいでしょう。簡単ですよね。上と下に線を引けばいいんですよね。あるいは、周りを黒く塗るとか。これがヒントになるんだと思うんです。「よく見て、ちゃんと見て」と言うよりも。

私が逗子市教育研究所の所長だったときのことなのですが、逗子市もいろいろな教育の課題があって、市長さんの熱い思いで、療育と教育の総合センターをつくるとか、あるいは子育てをしやすい市にするんだとか、二〇年先には人口が減ってしまうかもしれない、ならば、とにかく若い命をいっぱい育てて、活性化していこうという思いで教育にすごく力を入れていたんですね。

そのときに特別な支援が必要な子たちも過ごしやすい教育を、ということで、かなりそこに予算を配分してくださいました。すると、市の議員さんから「何でそんなにお金がいるの」と質問が出るんです。さらに「発達障害って何？」という質問もありました。そこで、限られた時間の中で誰もがわかるように『発達障害』について説明しなくてはならなくなった部長から、「一言でわかるように教えて」って連絡があったんです。それで私、困ったのですが、あ、そうだと思って、これを（図3）画用紙に書いて、議員さんに見てもらって、「発達障害とは、時間を掛けてもこれがわからない子がいるっていうことですと説明したら、如何ですか」ってメールを送ったんです。

そしたら、突然電話が掛かってきて、「所長、僕、見えないんだけど」って（笑）。「部長、大丈夫です。時間を掛けてもいいので、落ちついてください。もうちょっと、もうちょっと……」って。それで「見えた。わかったよ」と部長。

これ、発達に課題のある子には、本当にずうっと見えない子がいるそうです。見える人たちからすると、理解できないのですが、これはゲシュタルトの地と図で説明されています。地と図[*44]って聞いたことあ

＊44
糸井　「図」とは、形として認識される部分、「地」とは、そのとき背景となる部分を指します。

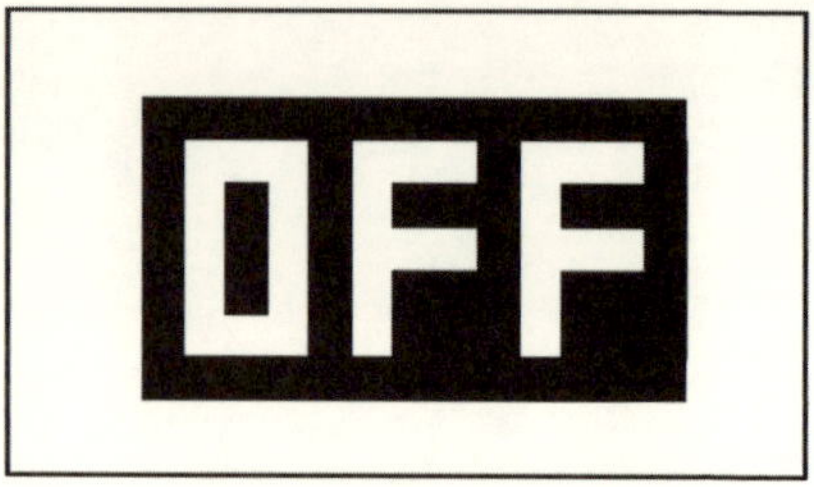

図４

りますか。例えば、「ルビンの壺[＊45]」とかもそうです。ぱっと見ると壺に見えるのですが、よく見たら人間が向き合っているように見えるもの。見方を変えて、黒いほうを見る、白いほうを見る、とかあるじゃないですか。それで、私たちは普段、いろいろなものを図として見ているんですね。

　地というのは、白は白、黒は黒でずっと見続けていると、これは絶対に「ＯＦＦ」には見えないわけです。私たちの頭の中では、柔軟に白と黒が統合されて図として見ることができる、ということが起きているそうなんです。でも、ときどき、私たちも体験することがあります。漢字を書いていて突然、あらこんな漢字あったかしら、と思う瞬間はないですか。ささっと書くと書けるような気がするとき、あのときにゲシュタルト[＊46]が起きたりするんです。

＊45
糸井　「だまし絵」とも言われる絵ですね。

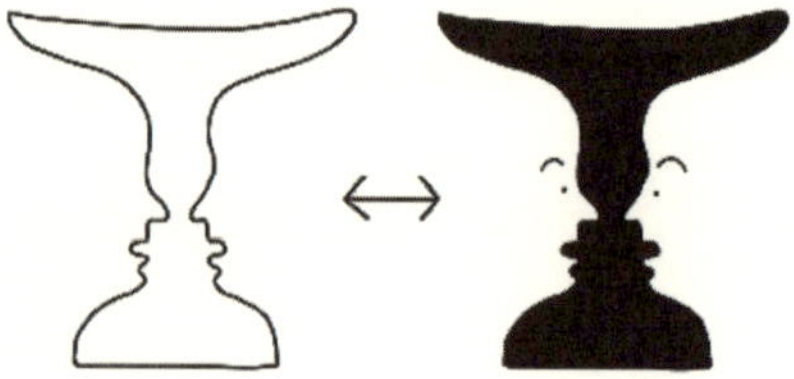

＊46
糸井　ゲシュタルト崩壊（全体性が失われ、各部分に切り離された状態で認識されるようになる現象（『デジタル大辞泉』小学館）とも言われます。

背後に隠されたその子の苦しさを理解する

私も年齢が年齢ですから、老眼も入っているのですが、眼鏡を取ったら近眼で見えないんです。例えば、後ろに時計があって、鹿嶋さんいま何時？　って聞かれても見えないんです。「あれ？　時計は読めるよね？」「はい読めます、もちろん」「じゃあ、ちゃんと読んで」「はい」「やる気ある？」「あります」「だから、いま何時？」「いや、わからない……」って感じになります。私が何で困っているか、誰かが気づいてくれて、「見えるところまで前に来ていいよ」って言ってくれたら、その一言が一番ありがたいです。でも、子どもたちが苦しんでいるときって、先生からすれば、困った子に見えるんですね。「何言ってもこの子、わからない」って。でも実は、言ってほしい一言を言ってもらえていない子かもしれないと思うんです。

「困った子」は「困っている子」。私たちから見て、この子困ったなと思っているんだけれど、実は本人が困っている子。

二〇一三年に、図書文化の雑誌『指導と評価』から、「心理テストとかテストバッテリー[*47]を使わずに、発達障害の子を見分ける方法を執筆してほしい」という依頼があったんです。つまり、観察法でということなんですね。それで考えたのがこれです。私たちは子どもについ、「ちゃんとやって。しっかりやって。頑張って[*48]」って声を掛けたくなるときがあります。でも、そんな子どもこそ、本当は困っている子なんじゃないのかって。ですから、**その子に必要なのは言葉の支援ばかりではない、ということに私たち教育者はそろそろ気づかなければいけない**ということだと思うんですね。もう気づいてやっていらっしゃる方も多いと思いますが、やはりそういうことを知らない人たちがいると、傷つくのは子どもたちではないかと思います。

先ほど言ったのも、これですね、感情と行動を区別するということ。怠けている、ふざけている、わがままというのは、実はできなくて行動に移せないのかもしれない。わからなくて行動に移せないのか

＊47 糸井 テストバッテリーとは、複数の心理テストを組み合わせて実施することです。

＊48 池田 「ちゃんと、しっかり」などの副詞を使って指示を出しても、何がちゃんとでしっかりなのかは伝わらないことがあります。達成可能で確認可能な指示を出す必要があります。

もしれない。ですから、そういう子に対して「早くしなさい」とか「何やっているの」とか言い続けることは、二次障害*49へとつながるのではないかと思います。

かわいそうなことに、この二次障害は、いまに始まったことではなくて、おぎゃーと生まれてからずっと言われ続けているのかもしれません。幼稚園や保育園でもこの子ちょっと落ち着きがないとか、おとなしくしなさいなどと言われてきて……、小学校でも中学校でも。この二次障害というのは本当に怖くて、長い積み重ねの中でやる気をなくしてしまうと、それを建て直すのは、すごく大変です。ちょっと二次障害体験をしてみますか。嫌ですよね（笑）。ロシア語がわかる方、どのぐらいいらっしゃいますか。

参加者　私、ドイツ語ならわかります。

鹿嶋　ドイツ語。すごい。例えば、自分だけロシア語がわからないのに、突然、ロシア語で授業が始まってしまったとします。毎日です。それで、先生が何か課題を出して、一生懸命やろうとしたのに、すご

*49 **糸井**　二次障害の問題は、大きく二つに分けることができ、一つは「心理的な問題」です。自己評価の低下・欠如によって、うつ病、ひきこもりや不登校になってしまう場合があります。もう一つは、「行動面での問題」です。とにかく何にでも反抗し周囲に対して挑戦的・反抗的な態度になってしまいます。

い形相でわけのわからないことを言われてしまった。どうも「あなた、何やっているの。ふざけないで。そんなことやるときじゃないでしょ」とかなんとか言っているように感じる。先生に課題を取り上げられても、聞くに聞けないし、何て言っていいのかわからない。でもやろうとは思っている。次の日に、頑張ってやろうとしたんだけれど、また、この人何か怒っている。何かやれば怒られる。もうやめようかな……。言ってもダメなときって、やはりだんだん行動が制限されてきませんか。これが無気力になるときなんですね。

質問もできない。自分のクエスチョンもわかってもらえない。会話が成り立たない。小さな子どもたちはボキャブラリーがすごく少ないです。感情はいっぱいあるのですが、とくに感情の言葉ってすごく少ないんですって。ですから、「表情表」ってあるじゃないですか。相談室とかにいろいろな表情の顔が描かれた表がありますよね。それで、相談室に入ってきた子どもに対して、「今、どんな気持ち？」って聞くと、こんな感じって（表情の顔の絵に）指をさす。「表情表」

は指でさせても、言葉にはなっていかない。それぐらいボキャブラリーが少ないんです。

大人でも、「感情表」で示されたすべての感情を、ひと言で書けって言われても書けないかもしれないですよね。ですから、やはり**感情と行動を区別してあげながら、裏に隠されたその子の苦しさというものを理解する努力が必要**なのだと思います。

やんちゃな子がいて、カーッとなったら殴っちゃう。物を壊しちゃう。教師は必ずこう言います。「指導しました」「殴らないように言いました」「もう、やらない?」「二度とやっちゃダメよ」って言いました。その子も「はい、わかりました」って、行動が変わればオーケーなのですが、言っても言っても行動が変わらない。「何度言ったら、あなたはわかるの?」って言い続けてもこれは変わらないんですよね。では、どうすればいいかというと、次なる一手を出させればいいんです。

先生方のクラスではあまりそういうことはないかもしれないですが、私のいた学校というのは、結構やんちゃな子が多くて、授業を始められないんです。多くの先生方が授業の始まりに、「はい、静かにしましょう」「はい、静かに」「しー」「何度言ったらわかるの。静かに、しー」「まだダメ。はい、静かにして」。

やっと静かになったと思ったら、また騒ぎ出して、「はい、静かに」[*50]……って言っているんですね。この「静かに」って言い続けた先生は、三学期になってもまだ「静かに」って言っています（笑）。他のレパートリーがないですから。それで、子どもたちも変わらないんです。違うことをやらなくちゃいけないんですよ、[*51] 集中させるためには。先生方は、集中させるための技というのを持っているでしょう。上手いですよね。小学校の先生は技の宝庫ですよね。どんなことをやっていらっしゃいますか。

高知県に宿毛というところがあります。高知大学からすごく遠い（車で約三時間）ところなんですが、そこで研修会をやったときに、ある理科の女の先生、中学校の先生だったのですが、「私は体を張っています」って（笑）。「やってもらっていいですか」って言ったら、

＊50 **池田** これを言わないで静かにさせる方法が大事。赤坂真二さん（上越教育大学教授）は小学校現場にいるとき、ドラえもんのしずかちゃんの顔でカニの体をした絵の看板を子どもに見せていました。「しずか＋カニ＝静かに」というわけです。素晴らしい。

＊51 **糸井** まさしく、岩下修先生の名著『AさせたいならBと言え』（明治図書出版）ですね。

「ちょっと恥ずかしいけれど、やります」って。夏だったんですが、ここ（腕）をプルプルプルってやられて（笑）。「見て、見て、見て」って。しーんとなって子どもたちが見ている。「はい、静かになったね。始めるよ」ってやるんですって（笑）。ここには「静かにして！」もなければ、叱ることもないんですよね。笑いの中で、もう先生いいよ、ってね（笑）。

あとは、〝船長さん〟とか〝だるまさん〟*52とか、やったことはありませんか。「あなたは、だるまさんです。」「あなたは船長さんです。」って。例えば、船長さんでやってみますね。

「今からあなたたちは、船長さんです。『船長さんは、』と言ったらその行動をしていいです。『船長さんは、』と言わなかったらその行動をしないでください。いいですか、お願いしますね」と言うと、これだけでもう聞いているんですね、みんな。静かになるんです。では、行きますよ。「船長さん、右手を挙げてください」「船長さん、左手を挙げてください」「では、手をおろしてください」

参加者　あっ（笑）。

＊52
池田　命令ゲームと呼ばれるものですね。英語圏では、Simon-Says ですね。

鹿嶋　「船長さん、手をおろしてください」「船長さん、手をぐるぐるぐるぐる」「はい、反対ぐるぐるぐるぐるぐる」

参加者　あっ。

鹿嶋　はい、やっちゃいますよね（笑）。こんな感じです。それで、こういうのって、先生の話を聞いていると楽しいことが起こりますし、聞いていないと失敗しちゃう。ということを体験しながら、静かに聞こうとするんです。

ある初任者研修で、この話をしたんです。それで、高知県の小学校の男の先生なのですが、県の教育委員会の方が、その先生の授業をずっとビデオで撮っていて、授業に対してコメントをほしいと言われたのですが、この先生、すごく一生懸命な先生で早速、「船長さん」を使ってくれたのですが、四五分の授業の最初から最後までずっとやっていたんです。「船長さんは、字を書きます。船長さんは、ノートを取ります。船長さんは、前を向きます。船長さんは、ノートを開いてください。船長さんは、……」ってずーっと。ある程度、子どもたちが聞けるようになったら、「船長さん」はいりません[*53]（笑）。面白いですよね、一生懸命になるって、そういうことなんですね（笑）。

存在承認、行為承認、結果承認

ここで、承認についてカテゴライズしてみたいと思います。稲垣友仁氏[*54]の「コーチングの三つの基本スキルを学ぶ」（『児童心理』六月臨時増刊、金子書房、二〇一〇年）によると、承認とは、「私はあなたの存在をそこに認めている」ということを伝えるすべての行為、言葉のことを言っています。

まず一つ目が**存在承認**。マザーテレサが「愛の反対は無関心である」と言ったのと同じように、人から認めてもらっていないとか、人にあなたがそこにいるということを認めてもらえない、ということほど愛を感じないことはないというわけです。**存在承認は、見ているだけでも本当にいいそうです。**小学生ぐらいですと、先生が発問すると

＊53
糸井 現場では、指導の際に、状況に応じて教師がどれくらいの方法を知っているかもとても重要なことです。

＊54
糸井 生涯学習開発財団認定プロフェッショナルコーチ。金沢大学教育学部卒業後、三重県公立中学校教諭、小学校教諭を経て、三重県教育委員会へ出向。その後、一四年間勤めた公務員を退職し、教職公務員からプロコーチへの転職第一号となられた方です。

答えたくて、はいはいはいって手を挙げますが、いざ当てられたら、何を言ったらいいかわからないって子、いませんか。でも、ぼそぼそと話し出したときに、先生がうなずいてアイコンタクトをしたら、勇気をもって話し始めませんか。それぐらい先生ってヒーローなんですよね。子どもたちにとっては、太鼓判を押してもらっているような、すごい力を持っているんです。子どもたちにエネルギーを与えている存在。*55 ですから、見るということは、すごく大事だと思います。

私自身の子育ては、ずっと前に終わっていますが、子どもが通っていた小学校と、私の勤務校は、自転車で一〇分ぐらいの距離だったんです。私は、中学校に勤務していましたから、空き時間がありますので、「ごめんなさい、今日は子どもの授業参観なので、ちょっと見てすぐに戻ってきます」と言って、一時間休暇をもらっていました。息子の学校まで行くのに一〇分、息子の学校で一〇分。合計三〇分で、十分戻って来られたわけです。

それで、何をやったかといいますと、多くのお母さんたちは教室の

*55 池田　これは本当にそうです。そのエネルギーを得るために教師は勉強するわけです。

後ろから子どもたちの様子を見ていますが、私はこちら（前方）から自分の子どもを見て、子どもに手を振って、それで帰っちゃうんです。見に来たよっていうことがわが子に伝わればいいということです。後ろにいたら、お母さんが来たってわからないじゃないですか。わが子に手を振って職場に戻る。同僚の先生方には、「早かったね」と言われ「大丈夫、子どもに手を振ってきたから」って答える私。

それから、その勤務校は、二階に職員室があって、理科室は一階にありました。それで放課後、理科室に行くときは必ず、一階の体育館で部活をやっている子たちを見てから行っていました。子どもと目があって、ピースして、「おー！」とか拍手したあとに、理科室に行くんです。そうすると次の日、「先生、見に来てたよね」とか言いますね。見られているってすごくうれしいんだと思うんです。

あいさつというのは、全員に平等に与えられた承認だそうです。おはようとかさようなら。合わせ技がいいそうです。名前を呼んで、「○○ちゃん、おはよう」「○○ちゃん、さようなら」。私だけに言ってくれた、これが承認になるんですね。
「どんな先生を信頼しますか」とアンケートを取りますと、名前を覚えてくれた先生、名前で呼んでくれる先生、と言うんですね。逆にどんな先生が信頼できませんか、信頼していた先生に対して突然、信頼をなくすときってどんなときですか。と尋ねると、それは名前を間違えたときだそうです。ドキッとしませんか。名前を間違えたときはそうなんですって。他にも、肯定的な思いを伝える。その子の強みを言う。いいところを伝える。これもすべて存在承認[*56]ですね。
二つ目が**行為承認**。これは事実を伝える。励ます。感謝を伝える。私は気づくと一番これを使っていました。事実を伝える。「あれ、ノート開けたね」とか。「ノート写すの早いね」とか。「あ、みんなできたんだ」「できてるね」「課題に取り組めたね」とか事実だけを話すんです。ですから、出歩いちゃう子なんかは、「座れているね」って話ですよ（笑）。取り組んでなくても座れているねって。
三つ目が**結果承認**です。ここで初めて「ほめる」が出てくるんで

＊56
糸井　「コーチングにおいて「承認」は基本技術です。「褒める」ことと同じだろうと誤解する人がいますが、違います。「褒める」というのは、相手のことを評価することを言います。「承認」は、相手の「存在」についてのあなたの「今ここで」の気持ちを伝えることです。「頼りになるな」「期待してるよ」「いてくれてありがとう」などの言葉で十分に「承認」となるのです。」播摩早苗『目からウロコのコーチング　なぜ、あの人には部下がついてくるのか？』ＰＨＰ文庫、八五頁。また、子どもへの具体的な対応については、菅原裕子『子どもの心のコーチング　一人で考え、一人でできる子の育て方』（ＰＨＰ文庫）もおすすめの一冊です。

す。ほめる、賞を与える。承認はこんなにいっぱいあったのに、多くの先生方の中でほめるだけがクローズアップされていたんですね。まだこんなに使えるものがあった。私がいいなと思ったのが、これです（図5）。**「事実を伝える」**ですね。

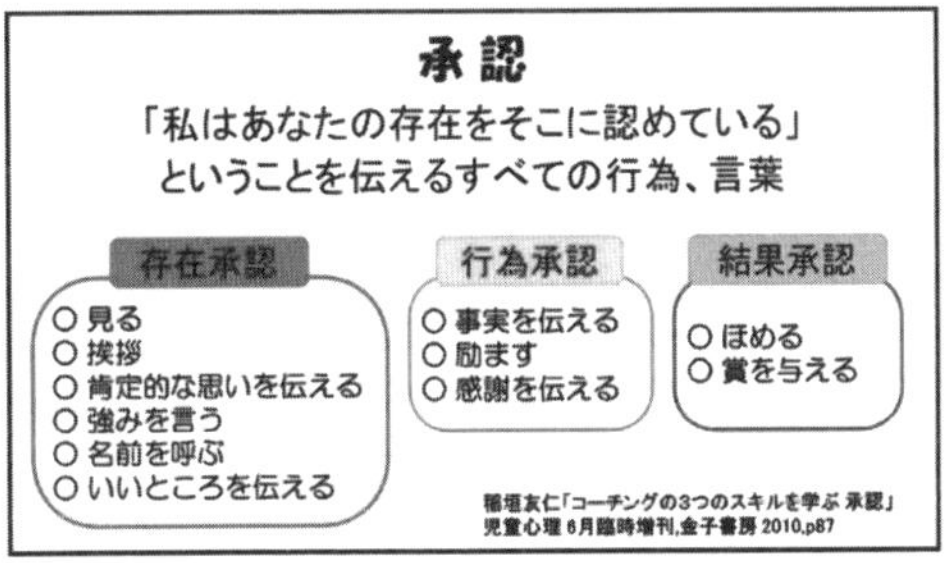

図5

一つ、事実を伝えて上手くいった例があります。小学校ですと、家に帰って宿題して復習して、ということがありますが、中学校では予習も必要になってきますよね。私の担当教科は理科でしたので、あまり予習して答えがわかってもつまらないかな、と思い何をしたかといいますと、「授業が始まる前に、教科書とノートを広げて出してほしい。どこまでやったかな、今日はここからだねって広げて待ってて」と

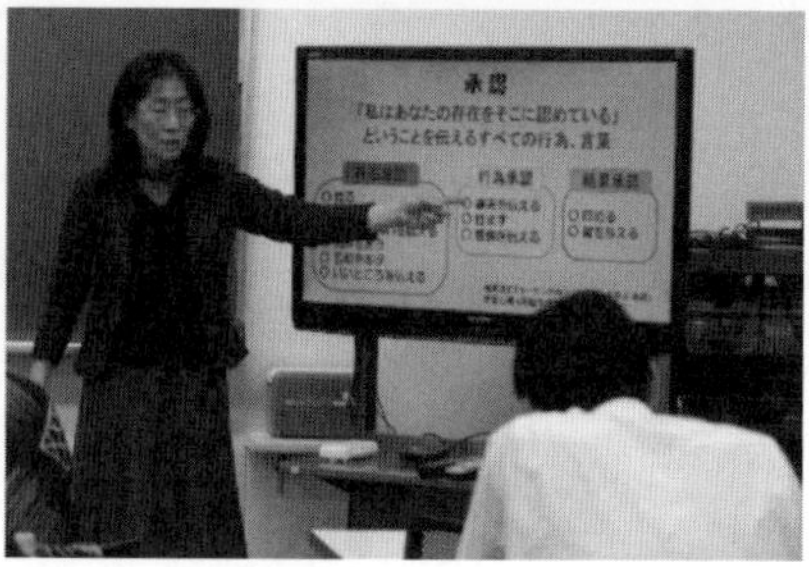

言いました。それだけで復習と予習ねって。これを三年間やったら絶対に伸びるから、という話をしたんです。

　つまり、体育の時間には準備体操がありますが、授業の前に準備体操はないんですよね。*57 教科書をぱらぱらって見るのが準備体操で、これをやっておいてねって話したんです。*58

「はーい」と言ってやってくれる子もいますが、やってくれない子もいます。それでね、みんなができるようになるまで一ヶ月以上かかりましたね。毎時間毎時間、「はい、教科書、ノート出して。広げて。出すだけじゃなくて広げて待ってて」。でも、一向にダメだなぁと思い、最後にはどうしたかといいますと、さりげなく、別に怒っているわけでも何でもなく、このクラスには、どんな子たちがいるんだろうって、カテゴライズして黒板に書いてみたんです。*59

*57
糸井　なるほど。ただし、意図的に授業の最初に復習をあてる教師はいますね。私は、結構、復習を本時の導入にからめて実施するようにしています。

*58
池田　休み時間は切り替えの時間ですが、切り替わらない子どももいます。導入を切り替えの時間ととらえることもありですね。

*59
池田　あれこれされていますよね。実践はあれこれなんだと思います。

何て書いたかといいますと、授業の始まりのあいさつをしたあと、言われなくてもできている子、言われてすぐに行動に移せる子、言われてもやらない子、言われたことさえ気づかない子。書き終わって、これ以上いないかなってふっと見たら、その子たちが僕これ、私これって黒板を指さしているんですよ（笑）。

ここで何が起きたかといいますと、**メタ認知が起きた**んです。いままで、「早く出して」って先生が言っていても、誰に言っているのかわからなかった。ターゲットは決まっていない。でも、**カテゴライズされたときに、私のことが書いてある。これ、私だって指さしているんです。**これは反応がいいなと思いましたので、上から二つ目と三つ目の間のところにすっと線を引いて、言われなくてもできている子、これは一人前って言うんだよね。言われてすぐに行動に移せる子、これはすぐ行動修正できて成長できるから、ここから上の子たちはもう安心。私が心配なのはここから下。言われてもやらない子、言われたことさえ気づかない子。どうするの？（笑）みたいな話をしました。

それからですよ。出していない子に対して、私が「言われなくても？」と言うと、「できている子ーっ！」と言いながら、出しましたね（笑）。面白いですよね。本当に何度言ってもダメだったのに、これだけは上手くヒットしてその子たちが変わってくれたなと思いました。

学級集団づくりのゼロ段階

先ほど、二ヶ月の間に子どもたちは先生にレッテルを貼るというお話をしましたが、では、スタート段階では、何をやればよかったのでしょうか。あるいは、夏休み明けの仕切り直しのときに、何をやればいいのでしょうか。あるいは、仕切り直しっていつでもできて、例えば、月曜日でもいいわけですよ。

私は、学級集団づくりのゼロ段階という言い方をしています。何かというと、学級集団づくりの本はいろいろ出ていますが、それをそのままやってみても、上手くいくものばかりじゃないですよね。それは当たり前だと思いませんか。授業でも指導案通りにやっても上手くいくはずないですものね。

なぜ上手くいかないか。メンバーが違うからです。*60 つまりその子たちがどんな面持ちでそこにいるのか。どういう人間関係の中でそこに座っているのかがわからないままにやってはいけないわけです。ですから、その前の段階、これから学級集団づくりをする、これから学級経営を始める、という前に、よく「耕す」って言いませんか。心を耕すのです。キーワードは教師がつながる。教師がつなげる。まずは、一人ひとりとつながることです。そして、その教師が子ども同士をつなげる。*61 教師とのつながりが強いと、子どもは教師のほうばかりに来てしまいます。そうではなくて、仲間に返さなくてはいけない。**教師がつながる、教師がつなげる。**この二つのキーワードでやっていきたいと思いました。

イメージは三つです。まず**子どもたちの緊張を下げること。**また、隣は何をする人ぞ、というのが一番悲しい世界ですから、**人に興味を**

*60 **糸井** この当たり前のことに気づかない教師が多いです。まず、目の前の子どもたちをしっかり見ることが大事です。

*61 **糸井** 野中信行先生が言われる「横糸」がこれですね。

持つこと。他者に興味を持つ。しかもプラスの興味を持つ。「ばかみたい」ではなくて、**互いに「すごい！」と思える興味の持ち方**です。互いに「すごい！」と思える関係づくりをしたいなと思います。

自己開示とフィードバック

〝ジョハリの窓〟[*62]って見たことありますか。これはジョセフとハリーが二人でつくったから、ジョハリの窓って言うんですって。合作なんですね。

「自分の知っている自分」「自分が知らない自分」「他者が知っている自分」「他者が知らない自分」このうち、自分が知っていて他者が知っている、この開かれた窓が広ければ広いほど居心地がいいですよね。

もしも、自分が知っている自分と、他者が知っている自分がすごく狭くって、他者が知らない自分がたくさんあったら、「おまえなんかに俺の気持ちがわかるか」の世界になってしまいます。しかも、自分

＊62
糸井「ジョハリの窓」とは、「自分が知っている自分、他人が知っている自分を4つの窓（カテゴリ）に分類して理解することで、心理学ではよく使われているモデル（方法）です。①「盲点の窓」他人は気づいていて、あなた自身はわかっていないあなた②「秘密の窓」自分はよく知っているが、他人に隠しているあなた③「開放の窓」自分も他人もよく知っているあなた④「未知の窓」他人そして自分さえも知らないあなたの4つに分類されています。」久瑠あさ美『ジョハリの窓 人間関係がよくなる心の法則』朝日出版社、三四頁。「ジョハリの窓」は、サンフランシスコ州立大学のジョセフ・ルルトとハリー・インガムの二人の心理学者によって提案されました。この本では、その内容が分かりやすく物語としてまとめられています。

が知らなくて、他者も知らない世界がぐんと広がったら、永遠にわからない暗黒の世界が広がってしまいます。

私は中学校一年生にこのジョハリの窓を見せて、この開かれた窓を三年掛けてめいっぱい広げたいと言います。なぜか。活動の意味づけをするんです。この**活動の意味づけがないと、一〇歳を超えた子どもたちは特にやらされ感が強くなってやりたくなくなります。**「何やらせるんだよ」って。「何をやろうとしているの、先生は」「何が言いたいの」みたいにね。

「先生は今、こんな気持ちでこんなことやりたいと思うんだけれど、やってみる？」「うん、やってみる」。これ契約ですよね。そこには、やらされ感が強いのではなくて、「私がやりたいです！」という主体性が出てくると思うんです。

よく自主性と主体性[*63]という言葉が出てきますが、先生方は、子どもたちにどちらを育てたいですか。これは似ているけれど、違いますよね。きちんと区別して子どもたちに理解してもらうことが大切です。

	自分は知っている	自分は気づいていない
他人は知っている	**開放の窓**	**盲点の窓**
他人は気づいていない	**秘密の窓**	**未知の窓**

※「盲点」という表現は、前掲引用文献記載の表現。

自主性というのは、言われたことに対して言われる前にやる。主体性というのは、言われたことをやるのは当たり前で、そこにプラスワン自分の頭で考えて行動する。ですから、どちらかというと後者のほう、主体性のほうが自立的ですよね。*64

ですから、私たちはレールを引いて、この通りやればいいよ、失敗しないよ、ではなくて、それをやるのは当たり前で、そこから次に何をやるかということを考える主体性を、子どもたちの中に育てたいと思うんです。

中学三年生、自分の進路を考えるときに、塾の先生がこう言ったからとか、親に理解してもらえない、あんな学校に行くの、とか、そんな学校はダメだよ、とか言います。私はそういう相談を子どもたちから受けると、〝あんな学校〟とか〝そんな学校〟って言い方はあり得ないって話をするんです。あんな学校だって、そんな学校だって、通っている生徒がいて、そこで一生懸命教えている先生がいらして、あんな学校とかそんな学校とかをつくりたくて先生たちはやっているわけでは

*63
糸井 「自主性」というのは、あることに対して率先して行動することです。「主体性」とは何をすべきか決められていないことを、自分の意思で決断し、行動することです。

*64
池田 主体性には〝挑戦〟が含まれているなぁと思っています。挑戦する子どもを育てたい。

なくて、よりよい学校にしていきたい、よりよい育ちの時間をつくりたいと思いながらやっていらっしゃるのに、それを傍から見て、あんな学校とかそんな学校とか言うのは、失礼だよっていう話をするんです。

私は、どんな学校を選びたいかというのを子どもと本音で語り合いたいので、そのためには、「私は何が好きで、どんなことをやっていきたいのかを本音で語れるようにしたい、これを広げようよ」と言います。

広げるためのコツは、二つです。それが上（図6）に書いてある、**「自己開示とフィードバック」**です。小学生には難しい言葉ですから、「自分の知っている自分を教えてね、話せる範囲でいいから」これが自己開示。それから周りの人がそれを聞いて、「あなた

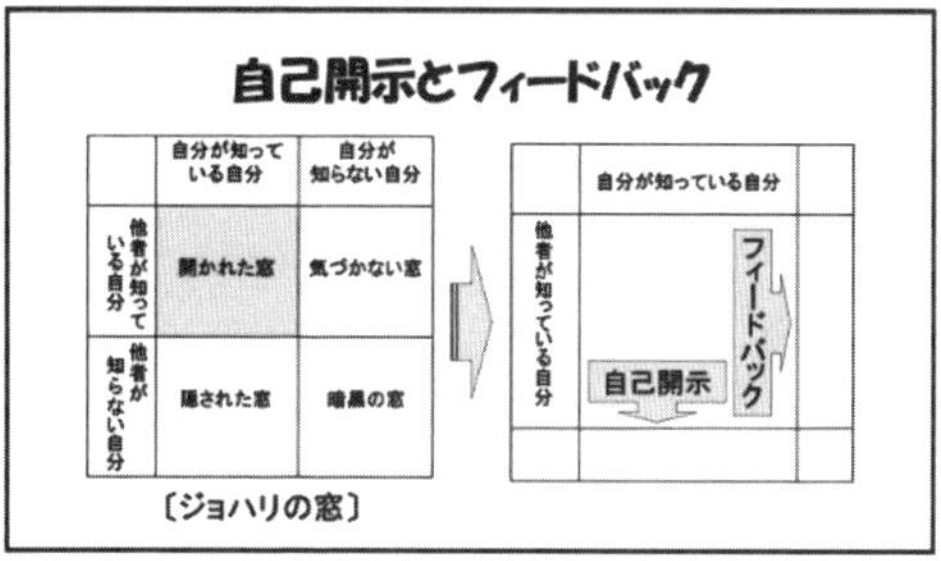

図6

ってこんないいところがあるね」と伝えるのがフィードバック。

例えば、宿泊行事の夜、みんなが眠っているとき、いたずらっ子が友達の顔にいたずら書きをして、「朝起きて一番初めに気づくのは誰ですか」といったら、書かれた本人以外の人ですよね。自分の顔でありながら、自分の顔は直接見ることができないんですよね。ですから、自分がどう見えているかについては、人様に聞かなくちゃいけないということです。[*65] そういう話をしてから始めます。

みんなってすごい

実際にやってみたいと思います。それではやってみましょう。黒板にまずこう書きます。

みんなってすごい

みんなってことは自分も入っていますから、それって

自分ってすごい

*65
糸井 その通りだなぁと思います。人はみな自分のことが一番分からないんじゃないかなって私は思っています。

ってこと？　そこでこれから、この二つを体験してほしいと思います。やるのはとても簡単です。私は三つのバージョンをつくっているのですが、今日は三つ全部紹介しちゃいますね。簡単なほうからいきます。

　この幾何学模様（図7）は、模造紙ぐらいに拡大して黒板に貼ります。この中に隠れた漢字があります。*66

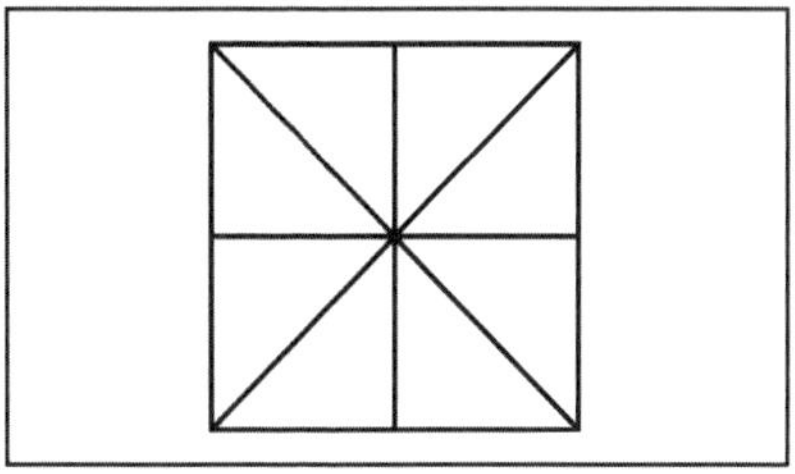

図7

　例えば、山とか……。ありましたか。この中にある、漢字をなるべくたくさん探してほしいんです。ただし、幾何学模様なのでルールは二つです。はみ出るのはなし。短くなるのはオーケー。それからハライみたいなフニャと曲がるのはオーケーにします。よろしいでしょうか。では、中学生や小学生だと一分なのですが、大人は四〇秒でやってもらいます。なぜかというと、三〇秒で出尽くして、ラスト一〇秒が苦しいんです。では、どうぞ始めてください。

*66
糸井　この課題は、いろいろな教師が実践されているものです。ご存知の方も多いのではないでしょうか。ちなみに、私は同じような意図で「口に二画」という実践をすることが多いです。これは、口という漢字に二画加えてできる漢字をみつけましょうというものです。第三章で、実際の授業を紹介しています。

（参加者各自、課題に取り組む。）

ありがとうございました。いま、書き続けている方、すごいですねぇ〜。では、何個書けたか数えてもらっていいですか。皆さんも教室でやるときに、子どもたちに聞いてあげてくださいね。

数えましたか。では、一〇個以上書けた方、おお、すごーい。では、一五個以上、一四個の方、一三個の方、一二個の方、あ、一二個ですね、と言って、このクラスは一二個の子が最高でした、と言ったら、子どもたちは大体拍手をします。

では、この後、先ほどの四人あるいは三人グループで、自分は書かなかったものを教えてもらいながら書き写して、他のグループが考えていないだろうな、見つけていないだろうなというものを一個決めてもらっていいですか。では一分半でお願いします。

（参加者、課題に取り組む。）

ありがとうございました。このあと、ネタばらしをしながらやっていきます。先ほどの一二個の方、増えましたか。

参加者　増えました。

鹿嶋　さて、そのあとに、「みんなの意見を聞くと増えるよね」って、つい言いたくなるのですが、ここはグッとこらえて言ってはいけないんですよ。

参加者　ほー。

鹿嶋　そういうこと言いたくなるじゃないですか。

参加者　うん、うん。

鹿嶋　でも、それは言わないほうがいいです。なぜかといいますと、そういうことを感じている子たちがいっぱいいるからです。それを先生から言われると、なんだそんなことをしたかったんだ……と、冷めてしまいます。増えた？　と聞くのは、そのことを子どもたちに気づかせるためのただ刺激です。ですから、増えましたか、と聞くだけにします。そうすると、無意識の中に落とし込めますよね。それで、最後に皆さん、ふりかえり用紙って資料（図8）がお手元にありますか。これに子どもたちに、「活動は楽しかったですか」とか「あなた

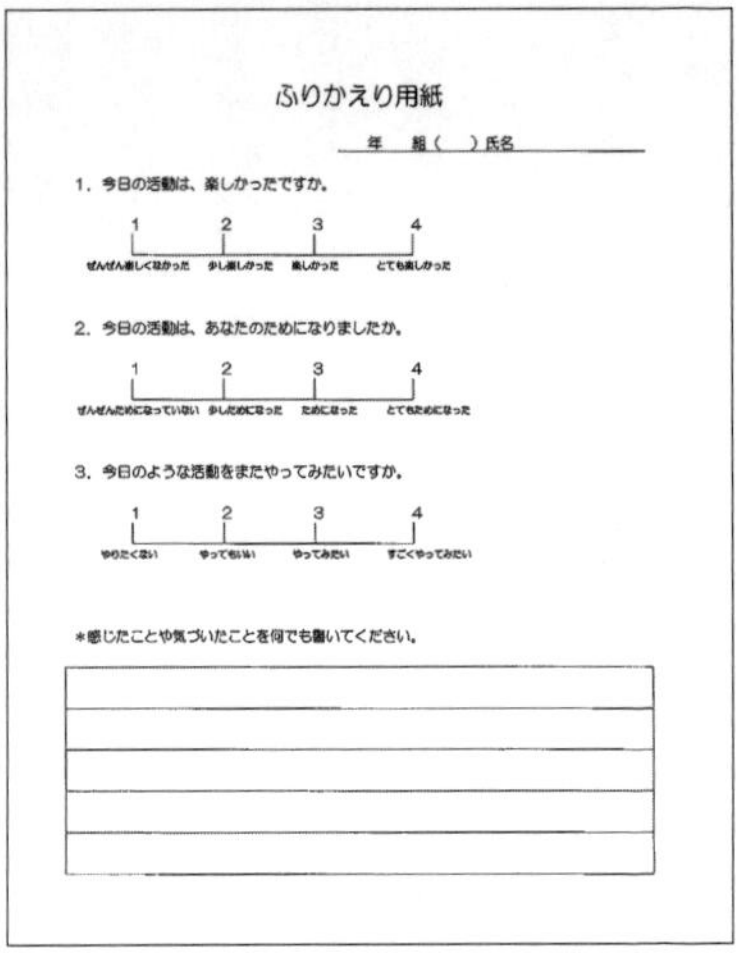

ふりかえり用紙

年　組（　）氏名

1．今日の活動は、楽しかったですか。

1 ぜんぜん楽しくなかった　2 少し楽しかった　3 楽しかった　4 とても楽しかった

2．今日の活動は、あなたのためになりましたか。

1 ぜんぜんためになっていない　2 少しためになった　3 ためになった　4 とてもためになった

3．今日のような活動をまたやってみたいですか。

1 やりたくない　2 やってもいい　3 やってみたい　4 すごくやってみたい

＊感じたことや気づいたことを何でも書いてください。

図8

のためになりましたか」とか「今日の〇〇、やってみたいですか」とか四件法で答えてもらって、最後の五行に、実際に体験してみて感じたことをなるべくたくさん書いてもらいます。もし書ききれなかったら裏まで書いていいよって言いますと、多くの子どもたちは裏まで書いてくれるんです。

子どもたちが「いっぱい漢字が書けたから、もう絶対に増えると思わなかったけれど、みんなの意見を聞いたらもっと増えた、すごいなぁ〜と思った」って書いてくれたら、「すごいなぁ〜と思えたあなたはすごい」というふうに、フィードバックできますよね。

教師は答えを知っていて当たり前なのですから、子どもより先に教師が答えを言っては絶対にダメだと思うんです。教師がヒーローになってはダメ。子どもたちがヒーローになれるようにするのが本物の教師です。「気づいたあなたがすごいよ！」ということを伝えてあげるためには、「そうだよね、みんなの言うことを聞くと増えるよね」なんて言ってはダメだということなんです。*67 全員が書いてくれたときに、あの子もこの子も気づいてた、あなたも気づいてた、みんなすごかったねっていうことが、うれしいですよね。

では、このグループで、他のグループには絶対にないなと思うものがあったら教えてください。

参加者　字として成立するかわからないのですが、のぎへんの、のぎ。

鹿嶋　のぎへんの、のぎ。これ読み方知っている方いらっしゃいますか。これ、漢字として成立するんです。これは「カ」と読むそうです。都留文科大学へ伺う際に、富士急行線のトーマスランド号に乗ったのですが、禾生（かせい）って駅がありました。それで都留文科大

*67
糸井　一番言いたいことは教師が言うのではなく、子どもに言わせる。授業の基本です。
池田　どうしてもまとめたくなるけれど、その言葉を子どもにつぶやかせたい。

学でも同様のワークをやったら、「禾」が結構たくさん出てきたんです。ご当地問題だったのかなと思いました（笑）。ということで、カって読むそうです。他に書いた方いらっしゃいますか。いらっしゃる、ありがとうございます。素晴らしい。他にはどうですか。

参加者　オツ。

鹿嶋　オツ。乙、こうですか。書いた方いらっしゃいますか。乙ですね。ありがとうございました。そちらの方はどうですか。

参加者　チョウ。

鹿嶋　チョウ。一丁、二丁の丁。

参加者　あ〜。

鹿嶋　やった！　よかった。いま、「あ〜」って言いましたよね。子どもたちも絶対に「あ〜」って言います。この「あ〜」の出るタイミングを待ちます。「あ〜」が聞こえた瞬間に、「あ〜」って黒板に書きます（笑）。いま、「あ〜」って言ったよねって。この「あ〜」が実は大事なんです。この形を見ながら、この中にこれ（丁）があった、脳の中でシナプスがピピピってつながったんですよね。「あ〜」というのは、自分の脳が、成長したときに出る言葉です。

これって、「アハ体験」と同じです。アハ体験というのは、茂木健一郎さん[*68]がテレビなどで紹介したものですが、皆さんは得意ですか？　私はすごく苦手なんです。どこかが変わっていきます、全然わかりません。あとで見て本当に色が変わったとか、本当に長さが短くなっちゃったとか……。

でも、茂木健一郎さんは、うれしいことを言ってくださいます。できる、できない、見つかった、見つからない、ではないんです。考えているだけで刺激になって脳が活性化されると言うのです。そうであれば、「あ〜」はすごいんですよ。ひらめいちゃったわけですからね。ですから、「あ〜」は脳が成長したときに出る言葉なんです。

そう言うと、中学生くらいになると口先だけで「あ〜」って言うんですよ（笑）。そのとき私は、「口先だけで出た『あ〜』は、誰も気がつかないけれど、自分だけは知っている、成長していない自分を」と言います[*69]（笑）。

＊68　糸井　以下のサイトで、「茂木健一郎のアハ！体験」を見ることができます(http://msc.sony.jp/member/enjoy/ahap/)。

＊69　池田　(^^)。

もう一つ、誰かがチョウとか言ったとき「ばかみたい」って言う子がいます。丁って漢字がわからない子です。「ばかみたい」とか「ばかじゃん」というのは、自分がわかっていないってこと？　つまり、あなたがばかじゃんってこと？　「あ〜」って言うのではなくて、「ばかみたい」とか「ばかじゃん」と言うのは、「自分の脳の成長を止めてしまって、*70 誰も気がつかないけれど、人をばかにした瞬間にあなたの成長は止まっちゃったねということだよ」と伝えておきます。責めませんん。ですが、そういうマイナスの言葉はどんどん減っていって、逆ににぎやかなぐらい、授業中にあ〜あ〜言っています（笑）。

私が自分の空き時間に廊下を歩いていると、いろいろなクラスからあ〜って聞こえてきます。私の担当しているすべてのクラスで理科の時間にやりますので、いろいろな先生から、「最近、授業中に子どもたちが、あ〜って言い出しちゃったんですけど、何ですか」って（笑）。おーとかあ〜とか反応がよすぎるって（笑）。でも、これはすごくありがたいことだなぁ〜と思いました。

＊70　池田　″人間の脳は主語を理解できない″という説もあります。相手に向かって言った言葉が自分に言った言葉になるということです。

ではこちらのグループは、どうですか。

参加者　トモエ。

鹿嶋　ほーほー。

鹿嶋　トモエ。「巴」、これですね。

参加者　あ〜。

鹿嶋　すごいですよね、「巴」。他に書いた方、いらっしゃいますか。いらっしゃいますね。ありがとうございました。

ちなみにこれは、小学校の一年生の七月ぐらいからできます。私は、「みんなってすごい、自分もすごいってお互いにすごいと思える関係は大事だよね」という話をしていきます。

もう一つ、やってみますか。カタカナだけでできている漢字。[*71] タ、タって書くと多という漢字です。ロ、ロ、ロ、ロ、ってくっつけると田んぼの田になるわけです。これをありにすると、結構いっぱいあるんですよ。試しに四〇秒でやってみませんか。

（参加者各自、課題に取り組む。）

＊71
池田　この講演のあとに、私の教科教育法（国語）で、これを紹介したらとにかくハマる学生がいました。授業後「先生、"池田修"がすべてカタカナで書けました！」と興奮して報告に来ました f(^^;。しかし、分解と合体で漢字をつくるというのは、一つの学習方法としてもあるような気がします。

はい、ありがとうございます。何個書けましたか。数えてもらっていいですか。五個以上書けた方、いらっしゃいますか。ありがとうございます。一〇個以上の方は？　九個、八個、あ、すごーい、八個が最高。たくさん書けましたねぇ〜。素晴らしい（拍手）。

では、また先ほどと同じように三人ないし四人で話し合って、[*72]カタカナだけでできている漢字を出し合い、どれか一個に決めてもらっていいですか。ではどうぞ。時間は一分でお願いします。

（参加者、課題に取り組む。）

はい、ありがとうございます。では、先ほどと同じ繰り返しなのですが、増えましたか。では、どんなのがありましたか。今回はカタカナだけで言ってください。タ、タみたいに。

参加者　協力の協。

鹿嶋　あ！　言っちゃった。

参加者　話を聞いてないなー（笑）。

鹿嶋　ナとカを三つ。ナ、カ、カ、カで、協力の協ですね。書いた方

＊72
糸井　こんな感じで、さりげなくグループワークを行うのがいいですよね。これらの実践は四月あたりに行うと効果的かなと思います。

いらっしゃいますか。ありがとうございました。ではこちらのグループ、今度はカタカナだけで教えてくださいね。[*73]

参加者 エ、エ。

鹿嶋 エ、エ。わかりましたか。これ、ぱっと答えを言ってしまうとみんなが「あ～」って言いますが、エ、エって言ったときに、ちょっと考える時間があるので、「あ～」にグラデーションが掛かるんです。気づいた人から、あ～、あ～、あ～ってね。ですから、漢字を言わずにカタカナだけで答えるほうが面白いんです。ね！　本当に脳が反応した瞬間にあぁ～が出るでしょ。さっきのエ、エって王様の王ですね。ここ（エの三画目と一画目）を重ねて……アイデア賞ですね。ありがとうございます。他に書いた方いらっしゃいますか。いらっしゃらない。ということは一人だけ！　すご～い！　はい、ではこちらのグループ、お願いできますか。

参加者 ロ、ノ、ロ。

鹿嶋 ロ、ノ、ロ。

＊73
糸井　この発表のさせ方は面白いですね。この場でも、見事に聞き手の「あー」にグラデーションが掛かっていましたからね。

参加者　あ〜、なるほど。

鹿嶋　あ〜、わかりました。ロ、ノ、ロ（呂）。書いた方いらっしゃいますか。いらっしゃらない。ありがとうございます（拍手）。

参加者　ウ、ル、エ

鹿嶋　ウ、ル、エ。

徊叱侶伊予花
品佑営労公空
回右宮四仁功
ロ汐呂沿仏宏
八外伽況云浣
ニ多加呪伝完
タ佐治兄化元
カ左台只比穴
エ江咤品祐矛

図9

参加者　何それ。

鹿嶋　何？　あ〜。わかりました。ウ、ル、エ（空）。すご〜い。ありがとうございます（拍手）。では、私からひとつ……イ、コ、ナ。

参加者　……あ。

鹿嶋　ああ〜。これ、気づくとちょっとうれしいですよね。

参加者　イ、コ、ナ。

鹿嶋　では、書きますよ。イ、コ、ナ（伊）。

参加者　あ、なるほど。

鹿嶋　これね。イトウ先生という方が出してくれました（笑）。それからね、イ、ナ、エ、は佐藤先生が出してくれました（笑）。ナ、エがあるということはナ、ロがあるわけですよね。

参加者　あ〜、はいはい。

鹿嶋　結構、あるんですよね。例えばですね、サ、ロ、ロ、ロ、ワ、タ（夢）。

参加者　あ〜、なるほど。

鹿嶋　結構ありますでしょ。ね、思った以上にあるんです。ですからぜひ、お試しください。

　さて、三つ目のバージョンはこれ（図10）です。ランダムに丸が書いてあって、何に見える？　私は、こういったものを本（自著）にもいくつか出している

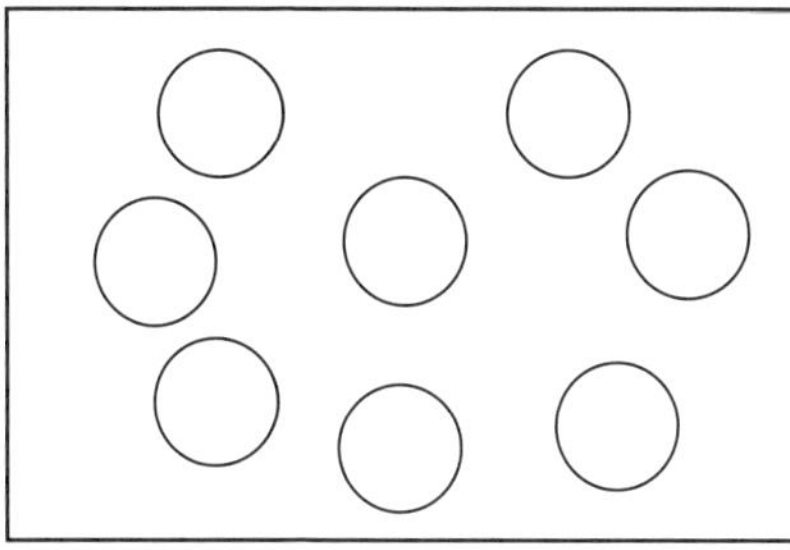

図10

んですけれど、実はこれが一番好きなんです。正解がないですから。自由な発想ができます。例えば、シャボン玉とかね。私は理科が専門ですから、同じ実験をやっても、考察するときは、ああでもないこうでもないって、気づきは人の数だけあります。ですから、子どもたちには、「自分で思ったことを書くといいよ」って伝え、いっぱい書いてもらっていました。このランダムに書かれた○を見て、一七個も思いつく子がいました。これ（図10）を見てピエロって言った子もいるんです。見えますか？　ピエロに。ここで教師が「ピエロになんか見えないのに、この子、何言っているんだろう？」ってスルーすると、その子は変な子のままになっちゃうんですよね。そういうときは、「どうすればピエロに見えるのか教えて」って聞いてあげるんです。するとその子ね、「だって先生、ピエロがいっぱいいるじゃない」って。これが目でこれが鼻って言ったんですよ。

参加者　あ。見える、見える。

鹿嶋　組み合わせバージョンなんです、これって。その子じゃないとこの発想は出なかったかなと思いますね。すごいことですよね。ですから、バカにするのではなくて、そういう見方があるのだと思うと、たったこれだけの活動からも、人ってすごいなということをふりかえり用紙などに書いてくれると思います。

私はこの三つのバージョンがあれば、小学校でも中学校でもできますよっておすすめしています。一年に一回、年度始めにしか私はやりませんが、この体験からスタートしますと、このクラスってすごいよ、ってね。

匿名性の中で子どもとつながる

それから、「シェアリング」というのは、最近は聞きなれた言葉になっていますが、分かち合いのことです。なぜ、分かち合いが必要かといいますと、自分の価値観だけではなくて、私はこう思っているが、他人はこう思っているんだということを知ることで、自分の思考の修正、拡大につながります。いまの自分の気持ちはどうだったか。

どんなことを感じたか、どんなことに気づいたのか。それを私は、子どもたちにふりかえり用紙に書いてもらって、集めてランダムにして、名前を伏せて全部読みあげます。*74

全部読むことが大事だと私は思っています。例えば、「時間がないから、今日は三人読みます」って言ったら、それは選ばれた子になるわけです。選ばれた子のものを読むということは、子どもたちからしますと、「ああいうふうに書くと先生は読んでくれるんだな」って。「あれが答えね」と思って聞いてしまうんです。しかしそうではなくて、全部読むんです。そうするとすごいことが起こるんです。つまり、匿名性です。誰のを読んでいるかを知っているのは誰ですか？　読まれている本人ともう一人は先生ですよね。**先生とつながるんです、匿名性の中で。**

そこで心を込めて、「こんな子がいるよ、すごいね。素敵だね」って言うと、なんだかくすぐったくて恥ずかしくなるけど、すごくうれしそうにしています。誰も知らないけれど、僕がほめられている。僕が認めてもらっている。先生とつながりますよね。その子は耳をダン

*74
池田　これが大事ですね。

ボにして、周りの子がどんなふうに受けとめているかそのつぶやきを聞きながら、雰囲気を感じ取るんです。ここで**子どもと子どもがつながる**んです。「こんな子がクラスにいてくれてよかったね」の言葉に深々とうなずいている姿を見ながら、このクラスでよかったということを感じているんだと思います。

では、もしも、子どもがマイナスのことを書いたらどうしますか？例えば、「みんなは楽しんでいるけれど、私はつまらなかった」「一生懸命私が言っても誰も聞いてくれない。このクラス、最低」って書いていたものがあったら、皆さんはどうしますか。これ、読みますよね。だって読まないとこの子は、存在承認されないことになりますから。あなたが書いたことはマイナスだから、私は読みませんということになってしまうわけです。先生はプラスのことしか取り上げてくれない、ということは自分の心の闇はこのクラスでは言っちゃいけないんだということになるわけです。そんな上辺だけの、楽しかったです、というクラスをつくりたいわけではなくて、**嫌なことも苦しいこ**

ともきちんと言えて、みんなで改善していきましょう、が言えるクラスをつくりたいですよね。ですから、私は読みます。[*75]

それで、この子ができていることは何ですか。このクラス最低って書いた子ができていることは〝書けたこと〟です。書いてくれてありがとう、です。もしあなたが書いてくれなかったら、こんな気持ちの子がいるってことに気づかないままだった、ありがとうって。「『楽しい』って子が多かったけれど、『苦しい』『嫌だな』と思っている子がいたんだよね。誰が書いたか探す必要はありません。もしかしたら隣にいる子がつまんないって思っていたかもしれない。またやってみたいですかっていう問いには、やりたいですって多くの人が書いてくれたけど、この子も含めて楽しくなるには、次はどういうふうにやればいいのか考えておいてね」って。そうすれば、この子は置いてきぼりにならないんじゃないかなと思うんです。**書いてよかったな、言っても大丈夫なんだ、マイナスのことを書いたら、みんなが寄ってたかって考えて、何かやってくれそうだな、次やったらちょっと変わるかも**

＊75
糸井　すごいなぁと思います。教師には、こういった信念が必要だと思います。こういった信念をもとに行うから一つの取り組みが実を結ぶのだと思います。

しれないという体験をしてもらうのがいいかなと思っています。

私が中学一年生の担任をしたときのことなのですが、すごくシャイな男の子が、後期の学級委員になりました。その子がここ（ふりかえり用紙）に書いたことをいまでも覚えています。

「先生は一学期からずっとエンカウンターをやってくれて、もしもそれをやってくれなかったら、僕はいま、こんなこと（学級委員）をやっていなかったかもしれない。気づくともう半年もこのクラスで過ごす時間はないんだけれど、どうかゆっくり時間が流れますように」って書いてくれたんです。

それを読んだとき泣いている女の子がいて、私も涙ぐみながら、「そうだよね。気づいたらあと半年だよって。もっともっと楽しもうね、このクラスで、このメンバーで。もっともっとみんなのすごいところを見つけようね」って話しました。ですから、しゃべるよりも書くほうが詩人になっちゃうんですよね。*76 言いたいことが言える、それで、周りから認めてもらえるのかなと思いました。

*76
池田　わかるなぁ。そして書くは、考えるですからね。

それで読み上げたあとは、「今度は班で回し読みしてね」って言っておくと、「この班、最低」とか書かないんですね。[*77] でも自分のところに戻ってきたときに、「みんなには言えなかったけれど、私に伝えたいことがあったら書いていいよ」って言うと、マイナスを書くかもしれないですからね。その後は、書いたものを自分で読んで、言葉で伝える。それで、だんだん書かないでも言えるようになる。そういう**スモールステップを踏まないとシェアリングはできない**と思います。これをやるのがすごく大事だと思っています。

学習意欲～赤ちゃんをあなどるべからず～

では、何のために学級集団づくりをやっているのでしょう。やはり最後は学力が定着してほしいということがあります。これ（図11）は文部科学省がホームページに載せているものなのですが、学力の三つの重要な要素というのがあります。まず基礎的・基本的知識。それから思考力、

＊77
糸井　こういった場面では、池田先生の「回覧作文」の実践が有効ですよね。池田先生、説明をお願いします。
池田　はい。「書き込み回覧作文」と名づけております。「へー」「なるほど」などの共感と肯定だけの短いメッセージを書き込みながらクラス全員の作文を一筆書きのように回覧します。終わるとクラスがしっとりします。

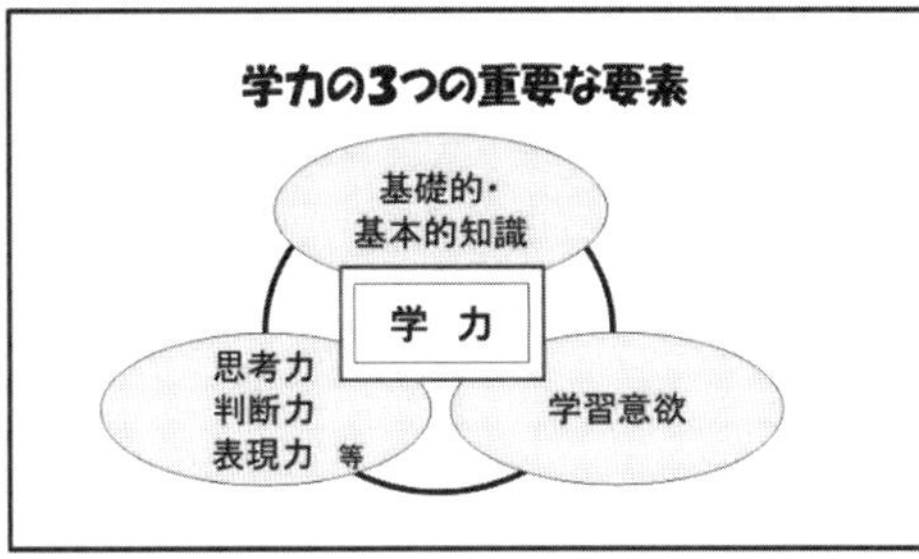

図11

判断力、表現力。そして、学習意欲。この中で一番手強いのは……学習意欲！　馬に水を飲ませることほど難しいことはないって言いますよね。つまり、馬が飲みたくなければ飲まないわけですから。学習意欲もそれと似ていて、本人がやろう！　と思わないとやらないわけです。

では、赤ちゃんシリーズ、いきますね。これは二〇一二年一二月三〇日に毎日新聞に出ていたものです。はいはいの段階からよちよち歩きに移行し始めた段階の一歳から一歳七ヵ月の赤ちゃん一四〇人に集まってもらって、赤ちゃんの歩数をカウントしたんです。研究室に特設した遊び部屋と自宅に撮影装置を置いて行動を追跡し、歩数をカチカチカチって数えていくんですね。二四時間で赤ちゃんが歩いた歩数、寝ているときも含めて二四時間ですよ。

歩幅×歩数で距離になりますよね。あと転んだ回数を数えました。

せっかくですので、クイズにしてみました。赤ちゃんの一日平均の歩数は約何歩か。五〇〇歩、一〇〇〇歩、五〇〇〇歩、一〇〇〇〇歩、一五〇〇〇歩。

次に、赤ちゃんが歩いた距離は延べ何メートルか。五〇〇メートル、一キロ、二キロ、三キロ、四キロ。

最後に、赤ちゃんの一日平均で転んだ回数は、二五回、五〇回、一〇〇回、一五〇回、二〇〇回。これかなと思うものに、手を挙げてもらっていいですか。誰も答えを知りません。研究者も実験によって初めてわかったのですから、間違っても全然恥ずかしくありません。勘で構いません。

（参加者、手を挙げる。）

答えは何と一日平均一四二〇八歩。*78 距離は歩幅×歩数で、延べ四・二キロだそうです。一日平均の転んだ回数は、一〇二回だそうです。これ、家庭教育学級とか保護者会でも使えますよね。あるいは自分の目の前の子どもにこの話をしてもいいと思います。

＊78

糸井　びっくりの数値です。ちなみに日本人の大人の一日平均歩数はいくつだろうと思って調べてみました。厚生労働省が発表した、「平成二六年国民健康・栄養調査結果の概要」によると成人の一日あたりの平均歩数は男性で七〇四三歩、女性で六〇一五歩だそうです。

池田　実にすごい数字です。

さて、このデータについて考察してみました。赤ちゃんをあなどるべからず、です。一時間で六九回転倒した赤ちゃんがいるそうです。六九回ですよ。一分で一回以上転んでいるんです。何がすごいかって、六九回転んだ赤ちゃんは、六九回起き上っているということです、当たり前ですが、これはすごいと思いませんか。

また歩数は、おもちゃのあるなしに関係ないんです。つまり、おもちゃがあるかないかってトークン（ご褒美）ですよね。○○が欲しいから歩く、じゃないんですって。そんなものはなくても歩くんです。では、なぜ歩いているのかって話になるんですよね。

赤ちゃんは立ち上がる度に、倒れずに歩ける距離を延ばしたんですって。

赤ちゃんの歩行距離

ーはいはいの段階からよちよち歩きに移行し始めた段階ー

対象：1歳から1歳7ヶ月までの赤ちゃん140人

方法：研究室に特設した遊び部屋と自宅に撮影装置を置いて行動を追跡し歩数を記録

結果：赤ちゃんの歩数 → 1日平均1万4208歩
歩いた距離 → のべ4.2キロ
転んだ回数 → 102回

2012年12月30日の毎日新聞より 米ニューヨーク大学の研究者

図12

日々成長しているんですね。日々といいますか、分、時刻み、ですね。立ち上がる度に歩行速度も上がっているんです。ですから、大人と同じ速度で歩けるようになるわけですよね。これがすごいと思いませんか。一歩ずつ自分が変わっていくことを楽しんでいる。これは先ほど（二九頁）の小学校二年生の女の子が言ったあの言葉、「楽しい」と一緒ですよね。できるようになったことがうれしいし、楽しいんです。

「内発的動機づけ」って、聞いたことありますよね。動機づけには外発的と内発的があって、外発的というのは、「今度の中間テストで平均点八〇点以上取ったら、おこずかいあげるね」「ディズニーランドに連れて行ってあげるからね」とか「欲しいものを買

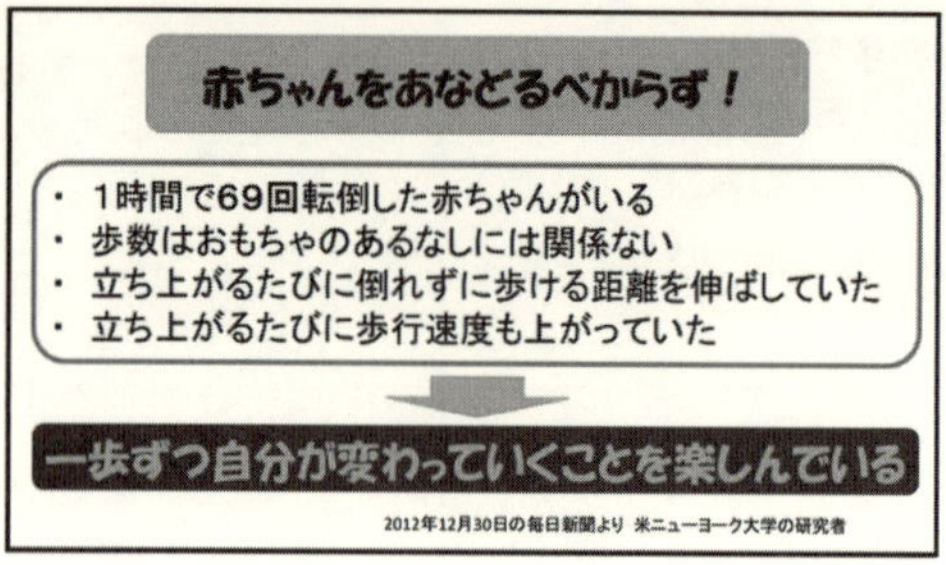

図13

ってあげるからね」。これは何かがほしいからやるんですよね。内発的動機づけはそんなものは何もないんです。でも、外発的動機づけにはトークンがあったり、ほめられる、があったりするんですね。[*79]

みんな博士

ビブリオバトルの話をします。これ、ぜひ皆さんもいかがでしょうか。もともとは京都大学の先生が始められたみたいですが、いまは、この先生[*80]は、他の大学に移られていて、「ビブリオバトル」って検索すると、ホームページが出てきます。やったことある方、いらっしゃいますか。

（参加者から手が挙がる。）

先生は、小学校ですか。

参加者　はい、小学校です。

鹿嶋　小学生でもできますよね。「ビブリオ」というのは（ラテン語で）本を意味する言葉です。公式ホームページにルールが出ています[*81]

＊79 **池田**　内発的動機づけを理解するのには、伊藤進『ほめるな』（講談社現代新書）がおすすめです。

＊80 **糸井**　谷口忠大先生のことで、現在、立命館大学情報理工学部知能情報学科准教授です。

＊81 **糸井**　簡単な手順は、以下の通りです。①発表参加者が読んで面白いと思った本を持って集まる。②順番に一人5分間で本を紹介する。③それぞれの発表の後に参加者全員でその発表に関するディスカッションを2～3分行う。④全ての発表が終了した後に「どの本が一番読みたくなったか？」を基準とした投票を参加者全員一票で行い、最多票を集めたものを『チャンプ本』とする。（ビブリオバトル公式ホームページ http://www.bibliobattle.jp/ より）

が、私は何でこれをやってもらいたいと思っているのかといいますと、小学校に上がるまでの子どもたちって、博士がいっぱいいると思いませんか。昆虫博士とか国旗博士とか。私の恩師の娘さんは、お相撲博士でした。全力士の名前を漢字で書けるんですよ。すごいですよね。いっぱい博士がいたんです。でも、大きくなるにしたがっていつの間にか博士がいなくなるんです。

私は、クラスの子全員が博士になってほしいなと思っています。お気に入りの本に関しては、これを語らせたら、自分が一番なんです。そういうものを持って集まるんです。一人五分で本を紹介したあと、二〜三分、ディスカッションをします。そして、全員が紹介し終えたら、最後に、どの本を一番読みたくなったか投票してチャンプ本を決めます。私は六人班、六グループ、中学生なので、三分でやっていました。ディスカッションは一分です。それで、六人の中から一人ずつチャンプが決まったら、クラス全員の前でチャンプの六人が本を紹介して、（ビブリオバトルの）チャンプを決めるというやり方をしていました。

このすごさは何かといいますと、その本について自信を持って語れるということです。そして、仲間が自分の話を一生懸命聞いてくれるという体験ができることです。また、自分の知らないことを仲間から教えてもらえる体験ができる。自分では選ばなかったかもしれない本と出会えることです。文部科学省がいうところのコミュニケーション力とかプレゼンテーション力を瞬く間につけることができるのではないかと思って推奨しています。[*82]

また、これは国語の時間だけではなく、英語でも理科でも社会でも、できますよね。例えば、社会科でしたら、戦国武将バトル、[*83] 特産品バトル、歴史を変えた女たちバトル、などいかがですか？　それから理科の場合でしたら、一年生が入ったときに植物バトルをやりました。自分の好きな植物でもいいですし、みんなに紹介したいなと思う植物でもいいので、一つ選んで調べてきます。

私は、**学習の最たるものは調べ学習**だと思っています。[*84] なぜかといいますと、私たち教師が授業でやっていることって、もうすでにわかっている

*82 **池田**　私はダメなんです f(^^;。自分の好きな本を勝ち負けの材料に使うってのがどうも納得できなくて。負けても私にとってはいい本なのでそれを否定されるっていうのがどうも許せなくて。ま、そういう人もいるということで。

*83 **糸井**　これに近い実践は私もやりました。異様に盛り上がります（笑）。

*84 **糸井**　同意です。有田和正先生の言葉「追究の鬼を育てる」は、多くの社会科教師の目指すところです。

ことを伝承しているだけだと思いませんか。しかも、ともすれば、先生が生徒に対して発問したらこう返して、また発問したらこう返してってクイズをしているみたいなものだと思いませんか。記憶をたどって思い出して答えてもらう。あまり思考していないんじゃないかなと思うんです。

期待される効果

- 自信をもって語れる
- 仲間が自分の話を一生懸命聞いてくれる体験ができる
- 自分の知らないことを仲間から教えてもらえる
- 自分では選ばなかったかもしれない本と出合える

コミュニケーション力
プレゼンテーション力など

図14　ビブリオバトルの期待される効果

問題を出して解答しながら、答えを導き出すものもあるかもしれませんが、そうではなくて、本当は教師が投げ掛けたら、私はこう思うんですけど、って。すると、また別の子が、私はこう思うんですけど、先生はどうですかって返ってくる。これを繰り返す間に、真実に近づいていく。**子どもたちの会話の中で答えを求めていくような授業を展開できるといいなと思っています。**とにかくこういうことをやるためにもいろいろなわからないことを調べるというのは、大事だなと思っています。

これは理科の例ですが、中学一年生の女の子で、入学して間もない頃でしたので、二週間前まで小学生だった子が、「チューリップを紹介します」と言ったんです。（それで私は）ああ、言っちゃったと思ったんです。チューリップはみんな知っていますからね。いまさら何を発表するの？ と思うじゃないですか。でもそのあと、ものの見事に予想は覆されました。

「私は、チューリップを紹介します。チューリップは何を植えますか」って質問したんです。「球根を植えますよね。でもチューリップは花が咲きます。めしべがあって、おしべがあって、めしべの先の柱頭におしべの先のやくの中の花粉がつくと受粉が行われて、花粉管が伸びていって……」って全部言うんです。そして、受精するとそこに種子ができます。だから種子を植えてもいいわけですよね」って言うんです。「植えたことある人いますか」って、その子は聞いたんですが、ゼロでした。

先生方の中に植えたことある方は、いらっしゃいますか。あ、すごい。うれしい。では先生、答えを知っていらっしゃいますね[*85]（笑）。

その子は、続けます。「チューリップの種子を植えます。一年目、芽が出ます。花は咲きません。二年目、芽が出ます。花は咲きません。三年目、芽が出ます。まだ花は咲きません。四年目、芽が出ます。まだ咲きません。五年目、芽が出ます。やっと咲くものもあれば、咲かないものもあります。最低でも五年掛かるということです。」と。

どうでしたか、種子から植えたことのある先生。それぐらいでしたか。五年以上掛かるんですって。六年目になると、大体咲くそうです。ということは、小学校一年生でアサガオの観察をやって、二年生でもしもチューリップの種子を植えたら卒業まで咲かないってことなんですね。

「ところで、市販の球根には、テープが貼っていませんか。赤とか白とか黄色とか。あれ何ですか。花の色ですよね。予言できるんですよね。ではなぜ、予言ができるのか。実はこれは中学三年生で勉強し

＊85
糸井　私は新任の時に一年生の担任をしまして、その時に、「何で球根なの？」と子どもに聞かれて調べました。この事実にびっくりしたことを今でも覚えています。

ますが、球根は無性生殖なんです。クローンなんです。ですから、元の花の色と同じものを咲かせるんです。でも、受粉によってできた種子は有性生殖のため何色に咲くかは、五年経つまでわからない。ですから球根なんです。」

彼女が話し終わると、みんな、おーって拍手しているんですよ。最初に聞いたときには、チューリップ？　って思うのですが、調べたらすごいことがわかるんだな、ということがわかりました。ですから、ぜひお試しください。他には二年生では、からだの内臓バトルをやりましたし（笑）、三年生では、天体バトルをやりました。[*86]

ちなみに英語では、おもしろ単語バトルなんかをやると面白いかなと思いました。耳や目、鼻は英語でなんていうのか、みんな知っていますが、のどぼとけって英語で何ていうか、みんな知っていますかって聞いたんですね。面白いんですよ。アダムズアップル（Adam's apple）っていうんです。

参加者　あ〜。

*86
池田　こういうバトルは面白い（^^）。

鹿嶋　あ〜、と思いますよね。禁断のリンゴをアダムがかじって喉につかえたのが、のどぼとけになったからという、きちんと理由まである。そうすると、英語って面白いかもしれないって、ちょっと興味を持って単語を調べてみるってことが起きますよね。

こういう話をしますと、まじめな先生方は何ていうのかといいますと、「それは学習指導要領の中のどこに位置づけられていますか」って（笑）。それはね、動機づけです。これから一生を通じて、調べ学習の面白さを学んでほしいなと思うから、年に一回ぐらいやってあげればいいのかなと思うんです。そうすることで、授業中の「みんなってすごい、自分ってすごい」もできるのかなと思いました。

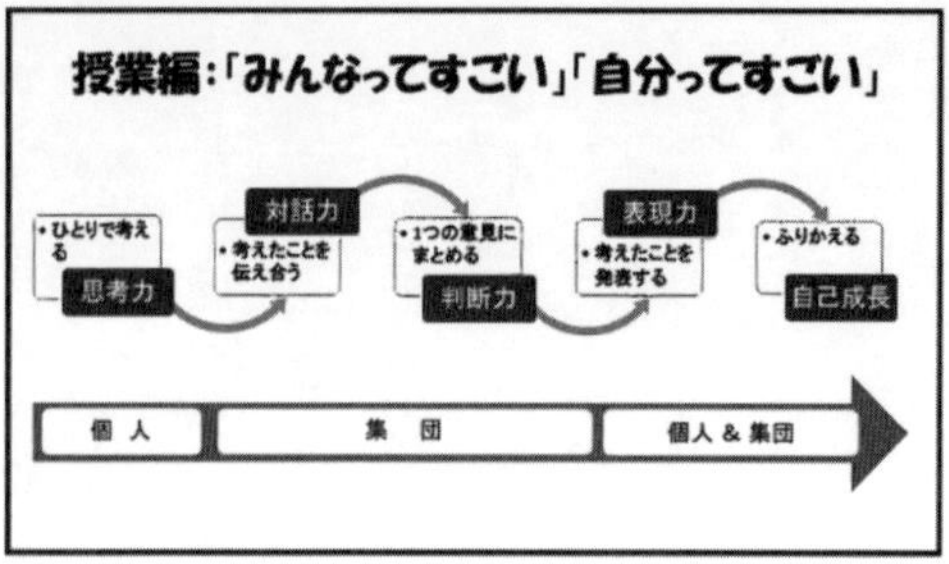

図15

みんなってすごい。自分ってすごい。一人で考える。考えたことをみんなに伝え合う。一つの意見にまとめる。考えたことを発表する。字に書く。これをやっていくといいのかなと思います。そのときどきに先生方は個人に対する承認、集団に対する承認の言葉かけをしてあげればいいのではないかと思いますね。

「別れの花束」と「エンジェルハート」

席替えの一週間ぐらい前に、「一ヵ月このメンバーで過ごしてきましたが、席替えすることになりました。来週、席替えをしますので、班のメンバーへの感謝の言葉を書いて、ためておいてね」って伝えておきます。席替えの一週間前から観察してもらって、思い出して書いてもらい、それをそれぞれに渡すということをやっていました。これをずっとやっていくと、毎回言わなくても書けるようになっていきます。この実践の集大成は何かといいますと、クラス替えの前に行う

「別れの花束」です。これ、すごくいいですよ。

　私は、別れの花束実行委員をつくって、全クラスの面倒を見るのですが、台紙係が、花束ですからこんな形（イラスト5）の台紙をつくっておいて、メッセージ係が、メッセージを書く紙を作っておいて、出席番号順に○○さんへ、○○よりと書いて、これを全クラスの子どもたちに渡しておいて、（クラス替えの）一週間前に、クラス全員分のメッセージを書いて切っておいて、当日はこれに紐を通してこうやって（次頁の写真参照）ぶらさげるんです。こんなみっともない格好をするんですよ（笑）。そうすると、つっぱった子なんかはやりたくないんですよ、カッコ悪いから。でもやるんです（笑）、メッセージが欲しいから。「やってられっかよ」って言いながらやっているんですよ[*87]（笑）。

　それで、「○○君！」とか呼ばれるとわざわざその子のとこ

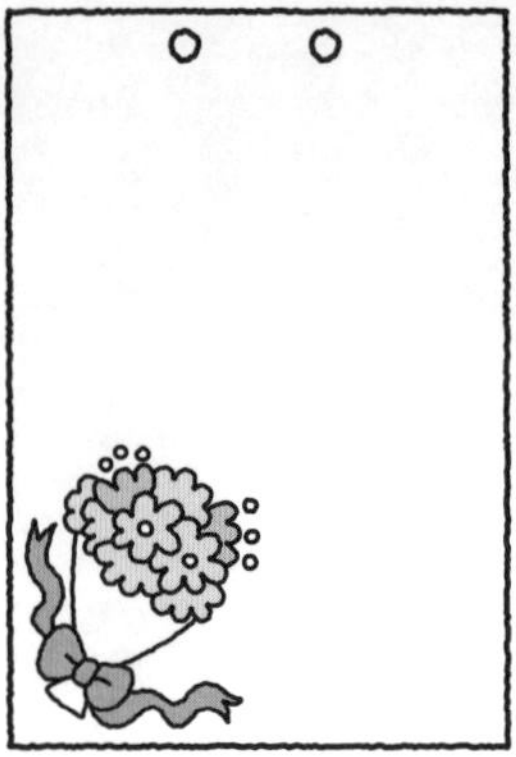
イラスト5

＊87　池田（＾＾）。

ろまで行って、背中を丸めているんです、こうやって（次頁の写真参照）。貼ってほしいから（笑）。貼りやすくしているんです。この貼られるときの圧がいいんです。手で触れられる圧がよくって、あったかいんです、手のぬくもりがね。それがずっと残るんです、背中にね。「○○君、ありがとう」「○○さんありがとう」って一言ずつ言いながら貼ってもらいます。これはすぐには読めません。背中にしょっているので。それで、全員が貼り終えたらみんなで円になって座って、「せーのっ」で読み始めます。じーんとなります。

これには、運動会バージョンもありまして、運動会はもうこんな手の込んだものにしないで、画用紙の上の方に名前だけ書いて、寄せ書きみたいに、その子の活動していたときの姿とか、いいところなどを具体的に書いてもらって、一分経ったら回していくんです。三八人の

クラスでやったときには、図々しく私のも入れておいたのですが、書いてくれました、子どもたちが。書いてもらって、自分のところに戻ってくるまで、全体で四〇分も掛からないで終わるじゃないですか。ということで、中一、中二、中三の運動会バージョン三枚と、クラス替えのための別れの花束三枚。全部で六枚が卒業アルバムと一緒にしまっておけるんです。

あとは、クリスマスのシーズンになると、「エンジェルハート」をやりました。どんなものかといいますと、名表を横にダーっと切るんです。そうすると、子どもの氏名が書かれたくじができますよね。子どもたちには、

「ちょっと早いけれど、クリスマスプレゼントがあります。これから一週間、みんなはエンジェルになります。誰のエンジェルになるか

というと、これからくじを引いてもらって、引いたくじに書かれている名前の子のエンジェルになります。もし引いたくじが自分だったら、戻してもう一度くじを引き直してください。誰の名前を引いたかは絶対に言わないでください。正義の味方は、名を名乗らないのでエンジェルも名を名乗りません*88」と言うと、ぱっとくじを引いたあとに、すっとたたんで、生徒手帳の中に入れていました。

それから一週間、エンジェルになるんです。その子がこのクラスで気持ちよく過ごせるようにサポートします。誰にもばれないようにです。それでね、一週間経ってふりかえり用紙を書くときに何が起きたかといいますと、「先生は誰がエンジェルかわからないって言った。だから本当に私は、誰が私のエンジェルかわからなかったんだけど、みんながエンジェルに見えた」って。そう見えちゃうんですよね。みんながサポーティブですから。

ただ、上手くいくばかりではなくて、失敗しちゃったクラスもあったんです。それで、よくぞ失敗してくれた、どうやったら失敗できる

*88
糸井　私もこれに似た実践を行っています。私の場合は「シークレットフレンド」という名前で、一日です。秘密の友達なので、気づかれないように友達に手助けをします。同時にウォッチングを重視していますが。

んですかって聞きに行ったんです（笑）。すると、その子たちは、エンジェルになりたかったけど、何をやることがエンジェルかがわからなかったんですって。それで、できない自分がダメな自分と思えてきて、一週間苦しかったって。やればやるほどつらくなったんですって。では、上手い先生は、エンジェルハート実施期間中何をやったかといいますと、「今日は、エンジェルハート一日目、どんなことをやったか内緒で教えて」って紙に書いてもらって、面白そうなのがあったら、誰が書いたかは言わないけれど、こんなことをやったらエンジェルなんだねって、エンジェルの行動レパートリーを伝えてあげるということをしました。*89 そうすると、その程度なら私もできそうだ、と思うわけです。したいのにできないことほど苦しいことないですものね。

やり方がわからなかったり、どうなるか想像ができなかったりしたら、ぜひ職員室でやるといいと思います。とくに冷めた職員室がいいかも（笑）。私は、五校経験しましたが、仲の悪いところが一校だけあったんです。男性と女性の仲が悪かったんです。それで、やってみ

*89 池田　効果的な例示ですね。

たんです。「こんなのやってみたいと思いますが、どうですか。クラスでやってみたいので、一度職員で体験してもらえませんか」って言ったら、先生方がやる気になってくださいました。

ところがですね、私のエンジェルはすぐにばれたんです。普段は絶対に私には声を掛けないだろうな、と思う男の先生が突然、「まんじゅう食いますか」って持ってきて下さって（笑）。「ああ、この人、私のエンジェルなんだな」って。すごくうれしかったです。ですから、大人でも一生懸命やってくれますから、子どもも絶対にやってくれます。ぜひ、お試しください。

トーキング

あとは、トーキングがおススメです。「アドジャントーク」[*90]をやったことある方、いらっしゃいますか。アドジャンって名前、変ですよね。では、試しにやってみたいと思います。

*90 糸井　これは構成的グループ・エンカウンターの代表的なエクササイズの一つです。ここでは、トークまでは行われていませんが、アドジャントークは以下のように行います。「アドジャン」と言ってジャンケンをして、四人が出した指を合計。0~9までで、10以上は下一桁の数字とします。それぞれの数字ごとに話すテーマが決められていて、一人ずつ話していきます。トークテーマは、例えば、0「好きな音楽」1「今一番したいこと」2「行って見たい国」といった感じです。

普通は、「じゃんけんぽん」って言いますよね。「アドジャン」というのは、じゃんけんぽんの代わりに「アドジャン」って言ってやるんです。グー、チョキ、パーではなくて、グーでも一でも二でも三でも四でも五でも出していいんです。グーは○、あとは一、二、三、四、五ですね。それで、アドジャン、アドジャン、アドジャンって言いながら、出していくんです。

試しにやってみますね。本当は人数が多いほうが面白いのですが、今回は、四人または三人でやってみましょう。アドジャン、アドジャンって言いながら、全員が同じものを出して揃うまでやるんです。全員が揃うことって滅多にないので、全員揃ったらハイタッチをしてください。「やったー」って。ルールは一つだけです。「同じものを二回続けては、出せません」。それだけです。よろしいですか。大人は疲れてしまいますので、三〇秒にしますね。本当に疲れるんですよ、先生方って、勝ちにこだわりますから（笑）。では、「合わせアドジャン」どうぞ始めてください。

（参加者、「合わせアドジャン」に取り組む。）

はい、ありがとうございます。揃ってハイタッチができたところはありますか。三グループ。ありがとうございました。このあと、子どもたちには、一分間作戦会議をしてもらいます。同じものを続けて二回出せないというルールからすると、作戦は一個しかないんです。これがヒントです。小さい数字から出そうとか、○○ちゃんに合わせるように出そうとか、そういう恣意的なものは、なしです。私が作戦を言ってしまうと私がヒーローになってしまいますので、私は言いませんから皆さんで考えてください。一分間でどうぞ。

（作成タイム）

はい、ありがとうございます。どうでしたか。作戦、できましたか。この作戦は内緒にするのではなくて、公表して同じ作戦でやっていきます。

参加者　三人が出していないものを次に出す。

鹿嶋　つまり同じのを続けて出せないということは、確率的にいって、そこに出ていないものを出せば揃う確率が高くなりますよね。それだけです。それ以外はやらないでくださいね。そこに出ていないものを出す。ということは、いままでは「アドジャン、アドジャン、アドジャン」って勢いよくやっていましたが、今度は少し遅くなりますよ。では、また揃ったら、ハイタッチしてください。今度はそのまま続けて何回できるか。ではどうぞ始めてください。同じく三〇秒間です。

(参加者、「合わせアドジャン」に取り組む。)

はい、ありがとうございました。揃ったグループはいくつありますか。三グループ。二回以上揃ったグループ、何回揃いましたか。三回、すごーい(拍手)。

さて、それで上手くいったと思うじゃないですか。でも、やってみて何か感じたことありませんか。三人のうち二人同じで自分だけ違うと、悪いなって気持ちなのに、横の人に「ちぇっ」とか言われたら嫌ですよね(笑)。そういうことは、子どもたちは悪気はなくてもやってしまいますので、そんなときはどうするのか。「ドンマイ」って言おうとか、「次いこう」って言ってからやろうとか、最初に傷つけないためのルールを決めてからやるといいでしょう。

そのあと、「アドジャントーク」をします。〝アド〟(add) って、実は足し算をするという意味があります。指の数を足して、一の位の数字のトピックスを話すんです。「アドジャントーク」でしたら、「サイコロトーク」とちがってサイコロがいらないんですね。ですから、これにしました。

サイコロがある場合は、六個テーマを決めてやることができますし、先生方、忙しくてプリントを印刷する時間がないという場合（私はそれが多かったです）には、サイコロさえあれば、黒板に一、二、三、四、五、六と書いておいて、「班ごとに話したいテーマを書きに来て」って言うだけです。そうすると、何もプリントを配らなくても自分たちで旬の話題を提供してくれます。

「すごろくトーク」というのもあって、すごろくのようにコマを進めながら、止まったところにトピックスが書いてあるものです。子どもたちは自分たちの消しゴムや鉛筆キャップなどをコマにしてやっていました。

「坊主めくりトーク」は、楽にできてすごいです。名刺ぐらいの大きさの紙を一人に三枚配って、いまみんなに聞きたいこと、話題にしたいこと、といったテーマを書いてもらって、それを山にしてみんなで坊主めくりをしながら、一枚に対して誰かが一つ答えたら、次の人がまた札をめくってやっていくんです。*91

私は、受験の前によくやったのですが、すごくよかったです。

「まだ勉強が不足していて心配なんだけど、どうしたらいい?」とあったら、「それはね、みんなに力を借りるといいよ」「得意な子に教えてもらうといいよ」「私もそうやってやったよ」とか「これから受験なんだけど、休み時間とかどうやって過ごしてる?」とあったら、ある男の子が、「みんなで撮った写真があるじゃん、あれを見てるんだよ。すると落ち着くよ」って。

本当に等身大の言葉を子どもたちが出し合っているんだな、と思います。

*91
糸井　これって、仲の良いクラスでやるといいだろうなぁと思います。こういったものは、クラスの状況を見ながらやっていくことも大切だなと思います。
池田　トーキングテーマトランプの「シャベリカ」(教育同人社)というのも便利です。https://www.djn.co.jp/educational/shaberica.html

「権利の熱気球」と「あなたの印象」

「権利の熱気球」*92 というのがあります。これもやり方が面白いですから、皆さんに紹介しますので、ぜひ使ってみてください。

「いま、この班のメンバーで熱気球に乗ってとても気持ちよく空を旅していました。しかし、あろうことかトラブルが起きてどんどんどんどん高度が下がってきました。そこで、ここに積んである大切な〝権利〟を捨てていかなければならなくなりました。あなたなら、どれから捨てていきますか。最後にどれを残しますか。捨てるものを一、最後にとっておきたいものを一〇として、自分の欄のところに数字を振ってください」

これは、二分ぐらいやってもらいます。その後、メンバーの書いたものを全部写し終わったあとに、班で合意形成していきます。ルールがあります。多数決で決めないでください。それから平均点を出した

*92 糸井　広く実践されているものです。実際のワークシートは、三頁で紹介しています。

りするのもやめてください。少数意見を大切に、じっくり聞きながら、なぜそれになったのか、話し合いをたくさんしてください。答えを求めるためだけに時間を使うのではなく、話し合いをしてくださ い、という感じで進めていきます。

これをやると何が起きるかといいますと、その子のいまの苦しさが見えてくることがあります。例えば、「自分だけの部屋を持つ権利」を最後まで主張した女の子がいたんです。この子はどんな子かわかりますか? そうです。虐待にあっていたんです。ですから、自分の部屋がほしくて仕方がなかった。周りには理解できないんです。自分の部屋は別になくてもいいのになんでこだわるの? って思うんですけど、そうだったんです。

それから、「いじめられたり、命令服従を強制されない権利」を主張した子は、やはり、いじめにあっていました。「みんなと異なってい る、違っていることを認められる権利」。これも例えば、黒目の色がちょっと薄いとか、ちょっとみんなと違うことをひやかされちゃう子などは、これ絶対嫌だって言いますね。お試しいただければと思います。

では最後になりますが、「あなたの印象[*93]」をやってみたいと思います。自分のグループで、まず自分の名前をここ（図16参照）に書きます。私の場合でしたら、ここ（図16参照）に鹿嶋真弓と書きます。皆さんも書いてもらっていいですか。書いたらすぐにグループで向き合ってもらって、右の方に渡してください。向き合ったときの右の方に。

私はイチロー選手が大好きなので、イチローが私の左側にいたとします。私から見たイチロー選手の印象に丸を三つだけ付けます。なぜ三つかといいますと、いくつでも付けていいよと言いますと、付かないところが気になるんです。ですから、三つという究極の選択をしてもらって、付けたら右に回します。お願いします。

＊93 糸井　これは知りませんでした。実際のワークシートは、四頁で紹介しています。

あなたの印象

氏名（　鈴木イチロー　）

		みんなからもらった○の数	グループの人から見た私の印象に○				
			鹿嶋さん	さん	さん	さん	さん
1	何でもできそうな		○				
2	包容力のある						
3	心くばりのある						

３つ○をつけたら右の人にまわす

図16

（参加者、「あなたの印象」に取り組む。）

いろいろなやり方があると思うのですが、なぜこういうやり方をするのかといいますと、あえてカンニングしてもらっているんです。わかりますか。人のことがよくわからない子どもたちが増えてきた中で、これをやるのが苦しい子がいるんですね。でも、一回目だけ我慢したら、二回目からは答えが回ってくるんです。これを答えと思うかどうかはその子の判断ということと、もう一つはその子がわからなくても、あ、みんなはそう思っているんだということに気づいてもらえますから、あとは自分で考えて、ほどよいところに丸を付けるかなと思います。さらさらっと書けちゃう子からすると、私はこう見えているけれど、他の人にはこう見えているんだというように自分の視野が広がりますから、あえて回すんです。

体験も含めて一緒に活動してもらって、休み時間も取らずに、二時間突っ走ってしまって申しわけありませんでした。それでは、仲間に感謝を込めて、ありがとうございました[*94]（拍手）。

*94 池田 圧巻の講演でした。楽しかったです。

第二章　鹿嶋実践の背景を掘り下げる

～鼎談～

本章は、平成二七年一一月七日「明日の教室」京都本校で行われた鹿嶋真弓先生、糸井登先生、池田修先生による鼎談をもとに、加筆修正をして収録しています。

また同時に、糸井登先生、池田修先生による鼎談に対応した〝おしゃべり〟も加えています。副音声のような楽しみ方をしていただけると幸いです。

「指導言」と「評価言」

糸井　では、始めていきたいと思います。先にフロアの方から質問はありますか。

参加者　本日はありがとうございました。先生のお話を実践の裏打ちが素晴らしいなと思いながら、同じ教員の立場から聞いておりました。先生の中では結局、承認することと内発的な動機*1のところがきっとつながっているんだろうなと思ったのですが、その辺をもう少し詳しくお聞かせいただければと思います。

鹿嶋　はい、ありがとうございます。きっと根っこの部分は一緒だと思うのですが、私自身のテーマというのが、自律なんですね。立つほうの自立と律するほうの自律がありますが、私は律するほうを取っています。立つほうというのは、生活自立のほうを考えていて、律するほうはいろいろな人の価値観を聞きながら、自分の価値観に基づいて

*1
池田　古典的な動機づけの一つに、外発的な動機づけと内発的な動機づけがあります。その人の外側の餌で動き出させるものと、その人の内側から湧き出るもので動き出すものとの違いです。内発的動機づけを重視している立場の本として、伊藤進『ほめるな』（講談社現代新書）があります。ここでは内発的動機づけを「アモーレ情熱」と呼んでいます。

判断する。それは人から言われたことでどうこうするのではなく、**自分の中で内省《ないせい》を深めながらやっていかなければいけないとなったときに、ほめられるということではなくて、承認によって、いま自分がどんな状態になっているかを理解することが大事**だと思いました。*2 それで承認が入っています。*3 内発的な動機づけという部分でいうと、人から何か言われたからではなく、自分の中で湧き起こるものということで、まさに先生がおっしゃったとおりだと思います。つながっているというふうに思っています。

糸井　実は休憩時間に、この承認ということについてはもう少し全体で深められるといいねという話をしていました。つながっていく質問だと思いますが、若い先生方はとくに、子どもをほめなさい、ほめる大切さ、というのを繰り返し聞いて実践されていると思うのですが、*4 さきほど鹿嶋先生のお話にあったように、それはごくごく一部で、いろいろな伝え方があるよ、ということだったと思います。私自身もすごく新鮮な気持ちで聞いていました。承認が三つあって、という分け

*2
糸井　何だか、この話を聞いていて、私の中では教師教育とリンクする部分がありました。内省ということが成長にはとっても必要だと思います。大人になっても、です。

*3
池田　承認欲求というのは、人間の根源的な欲求の一つだと言われています。小さな子どもは親に「見て、見て！」とねだりますが、ここから始まっています。承認欲求のわかりやすい説明は、苫野一徳『子どもの頃から哲学者　世界一おもしろい、哲学を使った「絶望からの脱出」！』（大和書房）にあります。

*4
糸井　近年、菊池省三先生の実践「ほめ言葉のシャワー」がクローズアップされていますが、その実践の全体像を抜きに

方なのですが、その辺は池田先生のほうではいかがですか。

池田　ありがとうございました。とてもエキサイティングなお話を伺ったわけですが、私は朝、風呂読書というのをやっておりまして、今朝もたまたまお風呂につかりながら、楽しみの本を読んでいました。そこでふっと頭の中に出てきたのが、前から気になっていた「指導言」です。指示と説明と発問。最近その発問のことをずっと考えているのですが、ふと**「指導言」の研究があるんだったら、「評価言」の研究というのはないのかな**と思って、いくつか考えていたんです。そうしたら、本日、承認の話をされたので、（おお、俺、予言者かな）と思いながら、今日は話を聞いていていました。承認には、三つの承認があるということが、楽しかったですし、うれしかったですし、エキサイティングでした。評価をするための言葉として、承認以外にはどんな言葉が、あるいは「評価言」を発するときに、こんな観点から見たらいいのではないかなというような考え方があれば教えてほしいと思います。

して、ほめることの大切さだけが強調されているような気がしています。単純にほめるだけでは成長を促進し続けることは難しいと考えています。ですから、私にとっても、この「承認」という言葉はすごく新鮮でした。

鹿嶋　大きな括りの中では、例えば、テストで答えが合っている、間違っているに対しては、間違っているということは言いますが、私は実際に子どもたちが思うことは自由だなと思っているんです。発想とか思っていることを否定することは絶対にしてはいけないと思っていて、そこで本人が気づいてくれればいいなと思っています。それを誘発するような言葉を含めるのが大事かなと思っていました。それが「評価言」に入るかどうかはわからないですし、「指導言」のほうになるのかもしれませんが、本人に気づいてもらうような言葉。自分の言ったこと、感じたことに気づいてもらえるような言葉もその中に入るのかなと思います。

池田　メタ認知[*5]させるような言葉ですかね。

鹿嶋　そうです。

池田　それをこちら側からはどう言えるか。評価する側は鏡になるような言葉を言うということですね。

鹿嶋　本人が気づけばいいわけですよね。本当は答えを本人が持って

＊5
池田　自分の考えや行動を自分自身が認識することです。（ああ、私はいま、こういう目的でやっていたんだよね）というように気づく感じが私には多いです。

いるのだけれども、それに気づいていないだけだと思うんです。ですから、よく私が使う言葉は「で？」とかですね。「え？」「で？」です。*6

池田 鹿嶋先生が言うと優しいけれど、僕だと「だから？」「それで？」って（笑）。

鹿嶋 そのあとから「なるほど」ってつけ加えるんですね。そうすると話がどんどん進んでいくのかなと思います。*7

池田 インストラクショナルデザインという、「教え方の科学と技術」という早稲田大学の向後千春先生がおっしゃっていることの中に、評価の言葉は価値を含んだ言葉と含んでいない言葉の二種類がある、というのがあります。認知と行動と意欲の部分、それぞれ教え方があるのですが、認知はつまり理解をさせる、行動は動きに変化を与えていく、意欲はやる気を起こさせる、この三つの分野があって、それぞれに指示の仕方と承認の仕方が違うということなのです。とくに行動のところでは、最初はスモールステップでやって必ずできること

*6
糸井 これは、インタビュアーの感覚ですね。つまり、相手から「引き出そう」とする言葉です。指導言はどちらかというと、本人が気づいていないことを引き出していく。そのために、その次の言葉を促す言葉かけが必要だということですかね。

*7
池田 なるほど（≧）。

をさせていく。そしてだんだんだんだんだん難しくしていく。最初の段階では、先ほどの承認「先生は見ているよ。オーケー」これだけでいい。その先の難しくなってきたところに、価値を含んだ言葉を入れろということなんですね。今日はそこのところにすごくつながっているなと、「評価言」を考えるきっかけとして思いました。

あと私がいつも学生に話しているレベルで別に根拠もないのですが、とくに私は関東人なので、関西にいてすごく感じるのは、関西の方は、バイリンガルなんですね。つまり標準語と関西弁、奈良弁とかいろいろある。それを使い分けたほうがいいなと思っています。それは何かと言いますと、「指導言」は標準語でやりなさい、「評価言」は方言でやりなさい、と僕はよく言っています。「〇〇するんだよ」指示する言葉、説明する言葉はプレーンにやる必要があるので、標準語でやる。「せやなぁ」受けとめる言葉は感情を持っているので方言のほうがいいんじゃないかなということを言っています。もう一つは、どこを評価するか。子どもたちのプロセスを評価するのか、結果を評価するのか。その三つくらいのことが、いま私の頭の中にありまして、先生がいまおっしゃってくださったメタ認知を促す「評価言」というのはありだなと思います。大西忠治先生が「指導言」という言葉をまとめられたのですが、とてもかないませんが、「評価言」という言葉を少し考えてみたら面白いかなと思っています。

糸井　いまお話を聞いていて、やはりそれ（「指導言」と「評価言」）はセットなんだと思いました。指導と評価がセット[*8]であるように。向後千春先生のスモールステップというお話があり、鹿嶋先生のお話の中にも、仕組んでいかないと評価できない、みたいな内容がありましたが。ありきたりにやっていても、ありきたりの「評価言」しか出てこないですし、どういう評価をするのかということを考えた上で、何かをしていかないとつながっていかないと感じますね。

鹿嶋　**行動レベルでのスモールステップ[*9]はすごく大切です。**よく生活指導の場面でも、「忘れ物をしない」という指導[*10]をしますが、宿題を全部出すのがゴールイメージだとしたときに、（子どもたちは）でき

*8
糸井　指導と評価の一体化という言葉がよく使われます。基本は指導した内容に即して評価は考えられるべきだと思います。もちろん、それ以外の評価があってもいいと思いますが……。

*9
糸井　向後千春先生は、著書『いちばんやさしい教える技術』(永岡書店)の中で、運動スキルを教えるには、「スモールステップの原則で教えれば失敗が少なくなる」ことを、自転車の乗り方を例に紹介されています。自転車の乗り方も、八つくらいのステップがあるとして、まずは「ハンドルを握り、サドルにまたがる」に始まって、それができたら「両足を地面に着け、安定したまま立つ」といった具合です。たしかにスモールステップが大切なことがよくわかります。

ないものは出さないわけです。では、何を出すかといったら、宿題に関係なく提出物は出す、というところからスタートする。提出する、そこにもスモールステップがいくつかあって、そのスモールステップがきちんと見えている先生には、それぞれに池田先生がおっしゃるところの「評価言」を使っているんだと思うんです。ここはできたね、ここまでできたよねって。ですから、そこができるようになった自分で、次にステップアップできていくのかなと思うんです。この「評価言」とスモールステップというのは、私としてもすごく興味深いと思いました。

池田　ある程度の経験と学習を積んできた先生たちは、この指導のゴールが見えていますので、そこをどのようにスモールに分ければいいのかというのが見えますが、本当に難しいのは、若い先生たちはその場がすべてなので、これがどこに行くのかが見えない。そこがつらいんだと思うんですね。

鹿嶋　本当にちょっとした変化に気づいて、望ましい行動に近づいて

＊10
池田　忘れ物指導といえば、家本芳郎『忘れものの教育学　忘れものにはふか〜いわけがある』（学事出版）があります。私は、この本に学び「忘れ物の作り方」という授業をつくりました。忘れ物は、①情報の持ち帰り、②準備、③提出の三段階のどこかでうまくいかないと作れてしまいます。ただし、できなかったから「忘れた」という言い方をする子どももいることには注意しなければなりません。

いるなということがわかれば、即、打って出るということをやっていかないと、子どもたちはすぐすべり台をすーっと落っこちてしまうみたいなことが起きてしまいます。例えば、授業をやって、ここまではできているのに、もうわからないと思ったら、「みんなわからない」と言うんですよ。それで「どこがわからないの？」って質問をすると、「みんなわからない」って。「みんなわからないって、じゃあ聞くけど、かけ算九九は？」って聞くと、「わかります」って言うので、「それはわかっているよね」って。くさびを打つみたいに、ここまではわかっているよね、ここまではわかっているよねって、絶対にすべり台にさせない。**あなたはここまではわかっている、というわかっている、わかっていないを識別させることが大切**なんです。[*11] そこを考えていれば「評価言」というのは、杭打ちといいますか、ここまでできているよ、という太鼓判を押してあげることなのかなと思います。こちらが「評価言」を使っているつもりであっても、子どもの受けとり側がそうではなかった場合には、わからないになってしまいますし、

＊11
池田　わかるは、わけるです。わかったものとわかっていないものをわけることが、わかるです。

できていないになってしまうんですね。

糸井　今日の先生の話は全部、そこ（「評価言」）につながっていきますよね。

鹿嶋　「指導言」とか「評価言」とか、とてもいい括りを聞かせていただきました。お風呂に入っていてもらってよかったなと思います（笑）。

「ビブリオバトル」のこと

糸井　次に、「ビブリオバトル」[*12]の話をしますかね。

池田　そうですね。国語ですから、読書指導、読書教育という括りで、少し授業でも扱うのですが、実は私は、「ビブリオバトル」はダメな派なんです。なぜかといいますと、「ビブリオバトル」は負けるとつらいんです。「何だ、池田さん、ディベートやっているじゃないですか」っていわれるのですが、ディベートはサイドを決めて根拠を示して戦うので、勝ったり負けたりしますし、あれは正しいほうが勝

＊12　第一章一〇七頁参照

つのではなくて強いほうが勝つんですよね。それもサイドが仮の立場で決められています。しかし本は、私の深いところに入っているものなので、それを元にして戦って負けたらつらいなぁと思うのでやらないんです。でも、戦国武将バトルとかはいいかもしれませんね。

鹿嶋　私は、もともとエンカウンターをやっていますので、構成的グループエンカウンターには、勝ち負けはないんですね。それで、私がなぜ「ビブリオバトル」に飛びついたかといいますと、最初の講演（第一章）で話したように、「〇〇博士」という思いを（子どもたちに）味わってほしかったんですね。自分が好きなことについて思う存分語ってほしい、自信を持って語ってほしいということです。それから、いまお話を伺いながら、なるほどなぁと思いましたが、**何をもってバトルをしているか、ということが大切**ですよね。国語の先生で本を愛されていて、それで自分の大切な本が「ビブリオバトル」を通して、否定されることになるかというと、実はそうではなくて、そこにはどういうプレゼンがあったのかとか、表現力がどうだったかとか、アウトプットの仕方、話し方とか、いろいろなことによって子どもたちは判断しますから、本を否定されたわけではないんですね。周辺にあるもの、そのいろいろなもので評価をしているんだろうと思います。ですから、もしかしたらバトルにしなくてもいいのかもしれないですね。バトルにすることで傷つくのでしたら、それはなくてもいいと思いますし、結局は、お互いがお互いの大切にしているものを伝え合っていって、なるほどね、と言って終わるのが一番いいと思いますね。私は国語教師ではないのでそこまで深く考えずに、こんなものがありますよという紹介のあとに理科では、という話をしたかったんです。

池田 そうですよね。そっち（理科バージョン）は面白いんですよ。

鹿嶋 教科によっては、本当に知識が増えていきますよね。子どもたちが自分にない知識を、子ども言葉で語り合うというのが私はすごく好きで、先生が先生の言葉で語るものは、（子どもたちは）受けとりにくいですよね。わからない言葉があったり、難しい言い回しがあったりしてわかりにくいんだけど、同世代の同じような言葉を使って語り合う中で、知らないことを教えてもらえるということはわくわくするだろうなと思います。〝バトル〟はもしかしたら取ったほうがいいのかもしれないと思いますね。

池田 「ブックトーク」といって、本の感想を話し合うとか、「味見読書」といって、ある本のあるページを読んで、付箋を貼って一分間で回覧し合うとか、私はそういうことをやっています。この本はいいよ、いいよで終わる、それでいいような気がしています。ただ、「戦国武将バトルとかは面白いだろうなと思います。これはやりかけて上手くいかなかったのですが、中学生に、「食わず嫌い王選手権」というのをやったことがあるんです。紙に自分が好きなものを四つ書くのですが、実は嫌いなものが一つ含まれていて、「それ好きですよね、〇〇さん」とか言いながら当てていくというのを授業でやったことがあります。

でも実はこれ、失敗したんですね。紙だとあんまり実感が出てこないので、家庭科の先生とコラボして、実際に料理をつくって、授業案までつくったところで転勤になってしまったんです。あれはやったら面白かったんですけどね。小学校の先生でしたら、自分の授業内で全部できるのでいいですよね。実は、小学校の強さはそこなんですよ。僕は小学校に行ったら絶対やりますね、「食わず嫌い王選手権」。三品作って、嫌いなものがあって、食べてみてくださいって（笑）。どうですかね、食育的に（笑）。

糸井　「ビブリオバトル」については、池田先生の思いを聞いて、なるほどな、と思いました。私は社会科を教えていますが、戦国武将バトルは全然オーケーかなと思います。そこで大切な部分は何なのかなと思ったときに、一つは、鹿嶋先生は「ビブリオバトル」をヒントに、ねらいはいまお話しされたように、少し違うところにある。また、いろいろなハウツーのすぐにできるワークプリントみたいなものがありますね。でも、そこにはその先生の思い、バックボーンみたいなものがあるということを今日は随分にお話していただいたと思います。その部分がないと、本質が伝わらなかったりしますよね。*13

＊13
糸井　ここがとても大切だと思っています。小学校低学年の実践などにも昔から「○○博士になろう」とか「○○名人」といった名称をつけて取り組ませるものがあります。何を求めて、どうつなげていくかを考えることがとても大切です。

何をやるのかではなく、なぜそれをやるのか

糸井　さて、池田先生が「権利の熱気球」（第一章一二七～一二八頁参照）の元のものを持っているとのことでしたが、それ何でしたっけ。

池田　これはね、「船長の決断」というゲームで、一九八九年に出ている本（坂口順治『実践・教育訓練ゲーム―すぐに使える20の体験学習』日本生産性本部）に載っているものなんですね。私が教師になって二年目に買った本なのですが、このぐらいのときから私はゲームで何かをしたいと思っていたんですね。これは、社内教育、社員教育のリーダーシップ研修とか、いまでいうチームビルディングの先駆けだと思うのですが、「船長の決断」でも非常事態が発生して、何を連れて行きますかと問うんですね。私はここからどこに行ったかといいますと、学習ゲームに行くんです。ゲーム遊びながら勉強していくという方向に。でも、鹿嶋先生は、ここから構成的グループエンカウンタ

ーに行くんですよね。そこが面白いなぁと思っているのですが、それは何でなんですか。

鹿嶋　簡単な話でして、私は大学のときに恩師[*14]が國分康孝先生[*15]だったんですね。

池田　素晴らしい恩師ですね。

鹿嶋　その時代に國分先生が、そのときはグループダイナミクスという言い方をされていて、まだ、構成的グループエンカウンターという言葉はなかったんですね。ただ人間関係づくりプログラムみたいな言い方をしながら、人間関係研究会みたいなものをやっていたんですね。私はそのことが面白くて楽しくて。不思議な世界に迷い込むわけです。でも考えてみたら、私がなぜそっちに行ったかといいますと、教師の資質、本質の部分で先ほど糸井先生がおっしゃったみたいな、先生としてのコアの部分というのが結構入り込んでいるんだろうなと思います。教師のリーダーシップ、つまりファシリテーターなり、リー**ダーを取るわけですから、その人がどんな言葉を発してどういう集団**

＊14 **池田**　その人（先生）が持っている個性が、何に出会うかでいろいろと変わるのだと思います。個性は何ものかに出会わないと磨かれない。そして、ダイヤモンドはダイヤモンドでしか磨くことができないように、人は人でしか磨けないのだと思います。

＊15 **糸井**　第一章でも紹介しましたが、一九三〇年生まれ。東京成徳大学名誉教授。日本教育カウンセラー協会会長。構成的グループエンカウンターの開発者です。

を見ながら、どういう構成をして、教材を持ってくるのか。そこには必ず思いがあるわけですが、私はこれ（エンカウンター）がすごく面白かったんです。普段、私が授業をやるときには、エンカウンター仕立ての授業をすればいいのかなと思っていて、それがスピリッツの中にあると思っています。

池田　私はこのときはまだ言語化できていなかったと思いますが、国語の授業なのだから、話す力をつけるには、（子どもたちに）話をさせたいですし、書く力をつけるには（子どもたちに）書かせたい。やがてそれは、僕は国語科を実技教科にしたいという言い方に変えるんですが、話し方を鍛える授業で、「話し方とは、こう話すことだよ」って説明して終わってしまったり、「教科書を読んどけ」で終わってしまったりする。それは違うのではないか、どうやったら子どもたちは話すのか、話さざるを得ない状況って何だろうと考えたときに、ゲームに辿り着いたんですね。ゲームだったら、楽しく話していけるだろうと。

「アフォーダンス」。ちょっと格好いい言葉ですけれど、そうならざるを得ないような環境、条件の設定ですよね。**楽しいからやりたいというふうに設定してしまえば、話しなさいと言っても話せませんが、話したくてしょうがないというふうに場を設定したらいい。**こういうところから学習ゲームのほうに多分僕は、入って行ったんだと思うんです。

鹿嶋　先ほどの「権利の熱気球」も英語バージョンにしてやると、英語を話さなければならない、話したくなってしまう。「英語で話せ」ではなくて、「英語で話さなければ伝わらない、ゲームにならないぞ」みたいになってくるからやっているという先生もいらっしゃいましたね。

池田　ルールっておもしろいですよね。想定したものと違うものが出てきたりしますよね。文化とか。例えば、ディベートですと日本人は議論することができないから、ディベートで話させるということがありますが、アラブだったかな、そこでは話し合いにはルールが必要なんだということを教えるためにディベートをやるんですね。持ち時間があって話す順番が決まっているということを教えるためにディベートをやるんですって。「船長の決断」では、理系と文系でわかれるとね、ピストルは最後までとっておくか、とっておかないかで、文系はここにいるぞという場所を知らせるためにピストルを使うというけれども、理系はどうしようもなくなったら自殺するために使うとかね。本当かよって(笑)。先ほど鹿嶋先生がおっしゃられた、これ(「権利の熱気球」)をやると子どもが抱えている問題が見えてくるというのは、本当にそうだと思います。答えそのものにはあまり意味はなくて、**なぜ子どもがそういう答えを出したのかという背景、その見取りに意味がある。**そっちのほうが大事だと思うんですよね。

鹿嶋　先ほど興味深いと思ったのは、先生(参加者の方)がおっしゃられたことで、誰がと言ったら語弊があるかもしれませんが、若い先生に限らず、いま教育現場では、とにかく学級を楽しくさせたいとか、いじめがなく学級崩壊しないようにさせたいために何かないかなってなっているんですね。それで、上手くやっている先生の机の上を見てみたら、こんな面白そうなプリントがあったから、「ちょっとやってみようかな、これちょうだい」って言って、「今日は何やりましたか、面白いものありましたか。あっ、これ面白そう、もらっていいですか。コピーさせてもらっていいですか」ってやるんです。それで、確かにそのときは、ぱぁーっと花火を打ち上げるみたいに楽しいのですが、何の行き先も言って

いないので、子どもたちは何のためにやったのかがわからなくて、それが遊びで終わってしまって、その場は楽しかったんだけれども、残らない。やはりそこには必ず、**先生がいまどんな思いで準備したのかということを伝えていくことがすごく大事**だと思っています。[*16] その語りがない状態で、「はい、やってみましょう」とプリントをさっと配っちゃうと、（子どもたちは意味が）わからないですよね。

糸井　でも、そういうことって案外抜けていますよね。今日の講演（第一章）でやられた漢字ゲームは、やられている先生方も結構いると思いますが、今日違うなと思ったのは、間の語りの部分ですね。[*17] これで集団はどういうふうにでもなっていくんだと思います。ただ楽し

＊16
池田　活動の目的ですね。

＊17
糸井　だから誰かがつくったプリントを拝借して実践しても、駄目なんだと思っています。例えば、ネタとよばれるものも、単に楽しいだけというのでは、その場限りのものになってしまう。きっと優れた実践家はそんなことはしていないと思うのです。

く終わる場合とそこからさらに次のステップを目指すところに行く場合と。あの**語りの部分とプリントをどう使っていくのか**ということが、すごく大事だと思いました。多分、池田先生は学習ゲームで国語をやりながら、当然集団もよくなっていくと思っていらっしゃる、鹿嶋先生はどちらかというと、集団のほうにねらいがあって、でもそれは当然、教科学習のほうにも反映していく。どちらも結果的には一緒なんですけれど、山登りの仕方がいろいろあるといいますか、その辺が感じられて非常に面白かったですね。昔に比べればいろいろなプリント類が山のように出ていますので、どういうふうに使うのか、というのはすごく大事だなと改めて思いました。

ただ、思いを送る

糸井　今日講演が始まる前に『プロフェッショナル 仕事の流儀*18』のＤＶＤを流していたのですが、鹿嶋先生が（この番組に）出演された

＊18　糸井　『プロフェッショナル 仕事の流儀』平成一九年四月三日、ＮＨＫ総合テレビにて放送されました。タイトルは「中学教師　鹿嶋真弓の仕事　人の中で人は育つ」。

のは、八年前になるのですね。これをご覧になった先生はどれぐらい、いらっしゃいますか。(参加者、手を挙げる。)少ないんですね。本当にこれは素晴らしくて、最後の場面はみんなで握手をするという活動だけなんですよね。それで、中学生が握手をしながら涙するんです。最後に手をつなぐ、ああいうことは、中学生は最初からできるんですか。*19

鹿嶋 できないですよ、最初は。ですから不思議なんです。感情を表す言葉のボキャブラリーがすごく少なかったり、あるいは伝えたいことが上手く伝わらなかったりする子どもたちが結構いますので、しゃべらずに握手するんですね。そのときに何と言ったかといいますと、「相手に伝えたいことを心を込めて伝えよう、相手が何を言っているのかを受けとめよう」って。そうすると、不思議なことが起きて、きっとこの人は私にこんなメッセージを送ってくれているんだろうなって、言い方は悪いですが、自分にとって都合のいいほしい言葉を想像するんです。言葉にするとあまりに薄っぺらになってしまいますが、

*19
糸井 ここは、その難しさを語っていただくために、あえて聞きました。小学校高学年でも、自然にみんなが手をつなぐというのは、いきなりでは難しいです。

言葉がないほうが深くて、じっと手を握って、自分がほしい言葉をきっとこの人が言ってくれているんだ、って心の部分で伝わるから涙が出てくるのかなと思うんですね。あの場面で何をやっていたかといいますと、握手をしながら元気玉を集めていたんです。集めたものを全部で一つにまとめたいね、ということで、ぐっとやって、きっとあの子たちは、大きな円の中のここ（中心）に大きなエネルギーを見ていたんですね。ですから、手を結べたみたいなイメージだったのかもしれないです。受験前でしたので、受験はよく団体戦だという言い方をしますが、そういう環境をつくるといいますか、勉強ができる、できないにかかわらず、受験や未来を考えたときって、誰だってふと不安になったりするわけですが、この仲間と学んできたことは紛れもない事実で、誰もが震えながらも前に一歩を出すんだという、そんなイメージだったのかなと思います。

池田　向田邦子さんのエッセイの中に「いしぶみ」という言葉が出てくるんです。例えば、僕が鹿嶋先生に石をあげるんですよ。鹿嶋先生はこの石にどういう思いが入っているのかなと思いながら、その石を見つめるんです。それで、あなたにこの石ねって。

鹿嶋 ああ、「マイストーン」というエクササイズがありますね。

池田 そう。それ、「いしぶみ」って言うんですよ。

鹿嶋 いいですね。

池田 僕が鹿嶋先生にあげるんだったら……。

鹿嶋 どれがいいかなって考える……。

池田 選んで、これに僕の思いを込めて渡すんです。そしたら、池田さんからもらった石は、あ、こういう思いなのかなって握りしめるっていう。それだけなんです。（本のタイトルは定かではないのですが）内田樹さんの本の中にも、それ（「いしぶみ」）とは違いますが、「人類は交換をしていた」と書いてありました。村と村の間で物を持って行って置いてきて……。

鹿嶋 物々交換をしていた。

池田 利益とか利潤とか関係なく、単に交換する欲求があったんだと書いてありました。もしかしたら、その中に「いしぶみ」もあったんじゃないかなと思いますね。また、いまの先生の握手の話もその系列に入るのかなと勝手に分析しました。ただ僕はやりたかったのですが、実践したことはないです。

鹿嶋　私はやったことがあります。すごくいいです。あとは「マイツリー」というのがありますね。

池田　「マイツリー」。理科の先生はやりますよね。あれはいいですよね。

糸井　それ、知らないです。どんなことやるんですか。

鹿嶋　移動教室で、林とか高原に行きますよね。そういうところでペアになって、例えば、私が池田先生をイメージして、先生にぴったりの木をプレゼントするんです。そして、池田先生は目をつぶったまま木の肌を触ってみたりして戻ってきます。そしてもう一回その木を探しに行くんです。これが結構当たるんですよ。見ないで触っただけなのに、僕にくれたのはこれですねって。それで池田先生は、なぜこの木をプレゼントしてくれたのかということを木を抱きしめながら感じるんです。これが「マイツリー」です。同じように「マイストーン」というのも、その人のことを考えながら、その人に思いを馳せて、石に思いを込めて渡すんですよ。もうぐっとくるエクササイズです。

池田　同僚の理科の先生は、一時間山の中に隠れてみるとかいうことをやったりしていました。落ち葉の中に入ってみるとかね。*20

鹿嶋　変わった人が多いんですよね、理科の先生は（笑）。

池田　「一学期に三回ぐらいは、非常ベルを鳴らしてもオーケーだな、そこまではセーフ」とか言っていた先生ですけどね（笑）。あれはいいですよ。近くに公園があったので一年間、木の成長を見続けていたんですね。四月にそれ（「マイツリー」）をやって、春、夏、秋、冬どうなっていくのかを学期に一回ぐらいずつ授業中に見に行くんです。あれはいいなと思います。

糸井　鹿嶋先生はエンカウンターを実践するときに、何か順番のようなものはあるんですか。例えば、いまの「マイストーン」などは、早

＊20
池田　東京都八王子市立楢原中学校理科教諭（当時）の奥村滋先生の実践です。

い段階では無理ですよね。かなり関係ができてからでないと……。

鹿嶋　先生方は、単位時間の授業をシミュレーションしますよね。それと同じように、（エンカウンターも）こういうふうにやったら、きっとこうなって、こうなってという、段差なく、すーっとそこ（仲間を承認するレベル）に上がるようなイメージできちんと構成していかないと、突然降って沸いたみたいにやると、（感情が）上がっていかないです。ですから、感情というのは、徐々に心地よくなっていくといいますか……。

池田　でもどこかに閾値[*21]がありませんか。ぽーんと来るところです。

鹿嶋　あります、あります。

池田　ありますよね。

鹿嶋　それって、本当に不思議なんですけど、一斉に起こるんですよね。でもそれは本などに書いてあることではないですから……ないなら自分でつくればいいと私は思っています。その子たちの得意なことを使いながら、そこ（仲間を承認するレベル）に上がっていくような

＊21
池田　エネルギーがたまって突然変化をするところ。「堪忍袋の緒が切れるところ」と例えれば、わかりやすいでしょうか？

ものをつくればいいですよね。[22]同じものを使っても、自分のオリジナルに変えることができますし、ねらいを変えることもできますし。ですから、まさに「ビブリオバトル」も自分のオリジナルに変えたくてやっています。

その概念の下位概念まで考えよ

池田　僕は今日のお話を伺いながら、僕も教え子たちに（今日も何人かいますが）普段、同じことを言っているなと思いました。僕は**「副詞に逃げるな」**という言い方をするんですね。「ちゃんとしなさい」とか「しっかりしなさい」とか、そんな副詞で言っても子どもたちはわからないから、例えば、ちゃんと見るというのは、「一〇秒間見続けなさい」とか「三箇所見なさい」とか、カウンタブル。小学生にはカウンタブルではわからないですけど、カウントできる、指を押さえながら、「一個見た、二個見た、三個見たと言えたら、それはちゃん

＊22
糸井　いろいろな学びを蓄積した教師のみがこういった考え方ができるのではないでしょうか。本に書いてある実践の真意を読み取って、目の前の子どもたちと自分の実践をつくっていくというのはこういうことなんだろうなぁと思います。

となんだよ」と言ってあげればわかるわけです。でも、説明が得意ではない人たちは、どうしても副詞を強く言って、説明したつもりになって、なおかつ、「昨日、言ったでしょ」で終わってしまうんですね。それは、「あなたは言ったかもしれないけれど、本人はわかっていないよ」って。多分、そういうところはすごくポイントだろうと思って聞いていたのですが、実はその先も大きな問題だなと思っています。つまり、「しっかり書きなさい」といったときに、そもそも書くって何なのかということがわかっていない場合があると思っているんですね。それから、「しっかり考えなさい」と言いますが、考えるというのはそもそもどういうことをすればいいのかって。大人は鉛筆を持って、こうやっている（考えるポーズをする）のが「考える」だとすると、一〇秒間こうやったら考えるなんだと思うような子がいるわけです。「比較をするということが考えるなんだよ、違いを見つけるというのが考えるなんだよ」というふうに、**その概念の下位概念を構造化して具体的に説明しなければいけない**んじゃないかなと思います。「質問をしなさい、質問をさあ、どうぞ」と言うけれど、質問ってどうやったらできるのか。私たちは授業で一生懸命発問を考えますよね。発問ができる先生がいい先生ですよね（笑）。でも、ちょっと待てよって最近思っていて、TSモデル[*23]じゃないですけれど、発問に答える子どもたちがいい子どもたちという考え方、そろそろ違うんじゃないかなって。つまり質問ができる子どもたちを育てる必要があって、そうだとすると、質問ってどうつくるのかということをやるべきじゃないかと思います。最近、そういうタイトルの本が出ていましたので[*24]読んでみたいと思っているのですが、今日はそういう二つの問題を提起してもらったと思っています。**副詞が連用修飾している動詞の部分にさらに下位概念があって、そこまで砕いてやる必要がある。**そのことを今日のお話を伺いながら、では、国語的にはどうやったらいいのかなと考えていました。

鹿嶋　それはすごく大事ですよね。そこが解明できれば、子どもたちの悶々としたものはもう少しすっきりとすると思いますね。上手くい

＊23 **池田**　先生が教えて生徒が勉強するモデルをTSモデルと私は呼んでいます。対して生徒が学んで先生に支援を求めるモデルをLCモデルと呼んでいます。それぞれ、客観主義の学習観と社会構成主義の学習観に対応しています。

	客観主義の学習	社会構成主義の学習
指導者	Teach ↓	Coach ↑
学習者	Study	Learn
授業の名前	講義 問答法 ワークショップ	総合的な学習の時間 探求型学習 問題解決型学習

学習観に関する池田モデル　(2014)

＊24 **池田**　ダン・ロススタイン、ルース・サンタナ著、吉田新一郎訳『たった一つを変えるだけ クラスも教師も自立する「質問づくり」』（新評論）。とても面白い本でした。

っている子はそれができるのですが、上手くいっていない子は、どうしていいかわからない。

池田　先生が「考えなさい」というのは、ここの場合「比較しろ」という意味だなということがわかる子は、いわゆる学校の中で賢い子なんですね。それがわからない子は、多分こういう格好をすることかと（笑）。[*25] それから、「あなたの気持ちはわかります。こうだよね。だけど、こうだよね」というお話から僕が思い出したのは、岡本茂樹さんの『反省させると犯罪者になります』[*26] という本があって、これは読まれていない方は、ぜひ読んでください。もう衝撃の本なんですね。立命館大学の先生です。もと中学校、高等学校の現場の先生で、犯罪者の更生にもかかわっているんですけれど、刑務所に行って受刑者と話をしていると、反省文を書かせると抜群の文章を書くそうなんです。反省させると世間向けの偽善を身につけるんだそうです。でもそれでは全然反省していない。ではどうするのかというのは読んでいただけばいいんですが、「反省させる前に○○をさせる」のだそうで

＊25
池田　ロダンの考える人のポーズを取ってみました（^^）。

＊26
糸井　岡本茂樹『反省させると犯罪者になります』（新潮新書）。第一章　それは本当に反省ですか？　第二章「反省文」は抑圧を生む危ない方法　第三章　被害者の心情を考えさせると逆効果　第四章　頑張る「しつけ」が犯罪者をつくる　第五章　我が子と自分を犯罪者にしないために　章立てを見ただけでも驚きの内容です。

す。今日の鹿嶋先生のお話にすごくつながっていまして、「感情を受けとめる」とおっしゃったじゃないですか。犯罪をやった人の負の感情を最初に受けとめてあげるということなんですね。つまり、深刻な事件で人を殺めてしまった場合でも、よくないんだけれど、そこに至る葛藤とか、そういうものをまずは受けとめて、そのあとに、でもこれは、ということを話すと、ぼろぼろ泣きながら「悪かった」と言うんだそうです。ですから、(鹿嶋先生も)同じことをおっしゃっているなぁと思いながら聞いていていました。

糸井　僕がその話を聞いていて思い出したのは、劇作家の平田オリザさんです。平田オリザさんは、大阪大学で教鞭をとっておられるのですが、学生と一緒に演劇をされているんです。医学部の学生なんですけどね、要するに、いろいろな技術を学んで医者になる人たちなんだけれど、一番大事なのは患者とのコミュニケーション。それがとれなければ、いくら医学の勉強をしても、医者としては成り立たない。本の中に書いてあったのは[*27]、患者の親族の方がいろいろな文句を言って

＊27
糸井　平田オリザ『わかりあえないこと から　コミュニケーション能力とは何か』(講談社現代新書)に書かれていた内容です。

くるわけですが、それに対して医学の話をするのではなく、大事なのは、**「大変ですね、つらいですよね」という共感から入らないとまったくコミュニケーションが成り立たない**ということです。ですから医学部の学生が劇づくりをしながら、いろいろな立場に立って考えたりすることがすごく大事なんだそうです。

池田　今日の講演（第一章）でも、信頼できる人という話で、ストライクゾーンでみんなが共通しているから、ここ（真ん中）なんだというふうに絞るのか、いやこういうふうに思っている人がいるんだよという枠の取り方をするのか。僕はそこがすごくいいなと思ったんです。みんなが共通しているここ（真ん中）だけをまず信頼しよう、ではなくて、あなたはそうかもしれないけれど、こっちはこう思っているよ、という、そういう括り方が、僕はこのクラスだったら生きていけると思ったんですね。つまり僕は多分この辺（端）にいる子なので（笑）。これ（真ん中）を求められちゃうと、僕つらいんですよ。僕も居ていいんだと思えるのは、こういうことなんだよなと、よく実感できました。

鹿嶋　「僕も居ていいんだ」というクラスでなければ、私はつらいと思いますね。

池田　「明るく元気なクラス」。僕、ダメなんですよ。

鹿嶋　私もダメですね（笑）。「みんな仲よく」もダメなんです。みんな仲よくできないから困っているんですよね。みんな普通がいいんですけど、普通って難しいんですよね。私は今日、池田先生の話を伺っていてすごく大事なことをたくさん学べたと思ったのは、副詞のあとに来るものを構造化しなければいけないということです。よく不登校で困っている子のお家の方が来て、先生に相談されるのですが、「どうすればいいですか」って。それで最後に先生が、「様子を見ましょう」。「はぁ？」って私は思うんですよね。保護者の方は、そんな話を聞きに来たんじゃないんです。どう様子を見るのかということを伝えなければならないと思うんです。ですから、**どう様子を見るのかということを伝えることができる先生なのか、できない先生なのか。**そこがすごく大事です。それが手がかりとしてあれば、保護者は何かしらやって来るんですよ。

池田　多分、それはやはりカウンタブルなことだと思うんですね。

鹿嶋　そうです。私の場合は、何を言っているのかといいますと、朝起きてから着替えるかどうか。「着替えるまでの時間をカウントしてメモしておいてください」と。*28 そうすると、必ず変化が見えてきて着替える日と着替えない日があるとか、早く着替えた日があるとかわかるんです。そうすると、「早く起きた日って前日に何がありましたか」「あ、お父さんも一緒に食事をしたんですね」「もしお父さんと一

＊28
池田　観点を決めてものを見ることの大切さですね。観点がわかると観察できますし、継続すれば比較ができる。その比較の中で見られた差に何らかの意味を発見していくことができるということだと思います。

緒に食事をすることで彼女あるいは彼が早起きすることができるなら、その日を確認してみましょうか」「確かにそうですね」「では、この日がチャンスかもしれないですね」という感じです。カウントは大事だと私も思っていまして、具体を示すことができる人なのか、できない人なのか。聞いてもらって良かっただけではなく、不安を持たせたまま（保護者を）帰らすのではなくて、何か手がかりをつかんでもらって、それがヒントになって次につながっていくというのがすごく大事だと思います。

池田　「生活のリズムを整えてください」と先生はよく言いますが、どう整えるのか。僕は、「次の五つを一週間で揃えると大分いいですよ」とよく言います。起きる時間、朝ご飯の時間、昼ご飯の時間、夜ご飯の時間、寝る時間。これを一週間同じにすると生活のリズムが整います。ただ、学校ができるのはおわかりの通り、昼ご飯の時間だけですからねって。あとの四つは家庭ですよね。でも無理ですよね。もう一個ぐらいまではやってみませんか。あとは増やしていくようにっていうふうにして一週間。できそうなところからカウンタブルに、というのはとても意味があると思うんですよね。「早寝早起き朝ごはん」は大事だと思うのですが、問題はできない子たちが、それを言われてもつらくなるだけの話で、できる子たちにはそうなんですけど、できない子たちはどうしたらそこにいけるのかというスモールステップを私たちが提示していくことが必要なんだと思います。できる子は続けてほしいなと思いますが。そういうところがもう少し整理されるといいなと思いながらお話を伺っていました。

鹿嶋　確かに統計的に相関はありますが、では「早寝早起き朝ごはん」をすれば、その子たちは成績が伸びるかといったら、そうではなくて、「早寝早起き朝ごはん」をしている子たちというのは、親が家庭教育の中でそれを大事にしていたり、スピリッツがあってやっていることであって、その行動だけやって、スピリッツがついてくるかといったら決してそうではないです。でもまずそこを整える、というのはわかりやすいですよね。

池田　ほんとにね。相関関係なのか因果関係なのか。卒論指導のときもほんと、そこなんですよね。

鹿嶋　幼児教育の中で、つめをきれいにいつも切っている子、親にいつも切ってもらっている子は落ちついているっていうのがありますが、それはつめを切ることで落ちつくわけではないんですよね。

池田　つめを切らなかったらその子は荒れるのかといったら、それを証明できれば原因と結果なのですが、そうではないわけですよね。

鹿嶋　親がその子に対してどれだけ興味を持って見てあげているか。その部分だと思うんです。そこじゃないところで相関を取ってしまっているわけです。

糸井　そうですね。「早寝早起き朝ごはん」は陰山英男先生[*29]のほうに伝えておきます（笑）。今日は鹿嶋先生に無理を言って来ていただきましたが、本当にいいお話が聞けたと思っています。これを機に一度と言わず二度、三度、また来ていただきたいと思います。よろしくお願いいたします。最後に皆さん、鹿嶋先生に拍手を！（拍手）。

＊29
糸井　陰山英男先生は、現在、立命館小学校校長顧問。「早寝早起き朝ごはん」が子どもの成長や学力に大きな影響を及ぼすことを提唱されています。また陰山先生は、「早寝早起き全国協議会」の副会長も務められています。

第三章　鹿嶋実践の意義

～人の中で人は育つ～

最後の章は、糸井登先生による鹿嶋真弓先生評をお届けします。

鹿嶋先生との出会い

それは衝撃的な映像でした。

平成一九年四月に放送されたＮＨＫの人気番組『プロフェッショナル　仕事の流儀』に出演された鹿嶋真弓先生の教室風景のことです。小学校教師である私は、中学校教師との出会いの場は少なく、当時、中学校教師で名前を知る方はほんの限られた方のみでした。

テレビドラマでは、金八先生を筆頭になぜか中高生の荒れた学級、学園がモデルになることが多いですが、現実はどうでしょう。中学校・高等学校の先生方には申し訳ないのですが、当時、私は中学校・高等学校の先生方の学級経営をあまり高く評価していませんでした。それは、子どもたち一人ひとりを丸抱えする小学校教師に比べて教科担任制という一部の時間でしか子どもたちと接しない中学校・高等学校の先生の担任としての力を低く見ていたのだと思います。

ところが、この番組の中で鹿嶋先生は、小学校の先生以上に子どもたち一人ひとりを看取り、見事に学級を組織していたのです。それは、冒頭に書いたように、今までの私の考えを覆す衝撃的な光景だったのです。

ちなみに、その後、すぐれた中学校教師の方々の学級経営から学ばせていただく機会が増え、その頃の自分の不勉強さを恥じております。

今回、「明日の教室」京都本校に『伝説の教師』としてお招きしたのですが、実は私はそれまで鹿嶋先生とお会いしたことはなく、この番組のことが忘れられなくて、いつか鹿嶋先生をお招きしたいと思い続けていたのです。

ここで、鹿嶋先生のプロフィールを紹介したいと思います。

鹿嶋真弓（かしま・まゆみ）

高知大学教育学部准教授。筑波大学大学院教育研究科カウンセリング専攻修了。筑波大学大学院博士後期課程人間総合科学研究科生涯発達科学専攻修了（カウンセリング科学）。ガイダンスカウンセラー、認定カウンセラー、上級教育カウンセラー、学級経営スーパーバイザー。平成一九年度東京都教育委員会職員表彰（学校経営・指導力向上）受賞、足立区教育委員会褒賞（教育相談分野における指導技法の研究・教師の指導力の育成への貢献）平成二一年度文部科学大臣優秀教員表彰（生徒指導・進路指導）受賞。平成二二年度日本カウンセリング学会、学校カウンセリング松原記念賞受賞。平成二四年度筑波大学大学院人間総合科学研究科研究科長賞受賞。専門は学級経営、教育心理学、カウンセリング科学。都内の公立中学校で三〇年間勤務。その後、神奈川県逗子市教育研究所の所長を経て、平成二五年一月より現職。

何ともすごい経歴です。そして、テレビ放送当時、中学校教師だった鹿嶋先生は現在、大学で教鞭をとられていました。鹿嶋先生と全く面識のなかった私は、直接高知大学に連絡をとることにしました。

幸いにして、以前に、私の主宰する「明日の教室」の東京分校のほうで鹿嶋先生に御登壇いただいたことがありました。そのため、「明日の教室」の趣旨をすでにご理解いただいており、京都本校での登壇も快諾していただくことができたのです。

この章では、私が『プロフェッショナル 仕事の流儀』の映像から追い求めた鹿嶋先生の実践について紹介していきたいと思います。テレビ放送を録画したものを何度も見て勉強していたのですが、数年前、NHKエンタープライズから販売されているDVDを購入しました。このDVDには、放送されなかった茂木健一郎さんとのやりとりなども収められており、大変お得な内容となっています。本著と「明日の教室」から出されている講演DVDと合わせて三点セットでお買い求めいただけると鹿嶋先生の全貌が見えてくるのではないかと思います。ぜひ、お買い求めください(笑)。

人呼んで女金八

これは、『プロフェッショナル 仕事の流儀』の中で、最初に鹿嶋先生を紹介するのに使われた言葉です。これは、もちろん、その昔一斉を風靡した『三年B組 金八先生』のことをもじったものなのでしょう。生徒の心に寄り添い、生徒の心に響く言葉で生徒の心を開き、さまざまなトラブルを解決していく熱血教師といったところが金八先生になるのでしょうか。

実は、数年前まで、私は金八先生をまったくといっていいほど評価していませんでした。その根底にあったのは、「子どもを丸抱えして見ていく小学校教師との違い」があったように思います。つまり、学校の中核となるのは教科指導である。ホームルーム（学活）などの時間を使っただけでは、子どもは変わらない。そんなお手軽なものではない。授業場面はほとんどなく、ホームルームでの教師の語りが中心のようなつくりの番組に嘘臭さを感じていたといったところでしょうか。

しかし、あれから数年、私自身、公立小学校から私学の小学校に移り、中学校教員と同様、教科担任として学級担任を担うことになりました（私が勤務する立命館小学校では、高学年は教科担任制をとることになっているのです）。それでわかったことは、教科担任でも、小学校の丸抱え担任と同様の学級づくりを行うことができるということでした。そして、そのためには、小学校の担任以上に計画的な指導が必要であるということもわかってきました。

では、「女金八」と呼ばれた鹿嶋先生は、どのような指導を行っていたのでしょうか。NHKの放送をもとに探っていきたいと思います。

『プロフェッショナル 仕事の流儀』の中で使われていた最初のキーワード。それは、

生徒のつながりをつくる

でした。番組の中では語られていませんでしたが、私には鹿嶋先生が日常のわずかな時間に、まず、

生徒のつながりを見る

ということを重視されているように見えました。例えば、「鹿嶋先生は必ず後ろのドアから教室に入る」ということが紹介されていました。この説明を聞いて、私はひとり納得していました。私はこういう些細な教師の行動に興味をそそられるのです。拙著『エピソードで語る教師力の極意』(明治図書出版)の中で私は、「子どもたちを移動させる時の教師の位置」ということについて言及したことがありました。

みなさんはどの位置で子どもたちを引率していきますか。通常は教師が先頭を歩くのが普通ではないでしょうか。しかし、私は敢えて最後尾を歩くようにしているのです。理由はいたって簡

単なことで、子どもたちの様子を見ることを最優先しているのです。先頭を歩いてしまうと、振り返らない限り、子どもたちの様子を見ることができません。

「あっ、木村さんがさり気なく注意してくれている」

「吉岡さんと谷口さんは気軽に話ができる関係になったんだなあ」

「内田くんがやっぱり列を乱してしまうなあ」

といったような、見えてくるのは、些細なことです。しかし、こういった些細な観察なくして、子どもたちへのきめ細かな声かけはできないのです。

それに、先頭は様々なアクシデント（？）に出くわすことになります。急に来校者に出くわすとか。そういった時、担任が先頭なら、まず担任が挨拶を行い、子どもたちもそれに倣うということになるのでしょう。でも、私が見たいのは、私がいない時に子どもたちがどのような対応を行うのかということです。最後尾にいることによって、私がいない時の対応に近いものを見ることができると思うのです。ですから、私は列の最後尾を歩くことにしているのです。

さて、話を「鹿嶋先生が必ず教室の後ろのドアから入る」ということに戻しましょう。私は、この動きに私が最後尾を歩くのと近いものを感じたのです。私がそう考える理由は、「子どもたちの日常の姿を見たいから」です。テレビ放送では、鹿嶋先生は教室の後方から歩いて来られていました。しかし、もし教室の前のドアから教室に入るとなると、教室の横を歩くことになります。その間に生徒たちは教師が来たことに気づくでしょう。場合によっては「先生が来たぞ」と態度を変える時間を与えてしまうことになります。

それが、いきなり後ろのドアから先生が入って来たら、生徒たちは普段の様子のままの状態を見せるしかないわけです。テレビの放送でも、鹿嶋先生が教室の後ろのドアから入って来られた時、生徒の多くは立っていた状態でした。教師は瞬時に「誰と誰が話しているのか」といった人間関係を見ることができるわけです。ほんの些細なことですが、子どもたちをどこから見るかということは、とても大切なことだと思っています。同じような視点で、以前、野中信行先生（元横浜市立小学校教諭）が、教室の中のどの位置に教師用の机を置くかを論じておられたことがありました。通常は、教室の前に置かれていると思うのですが、教師用の机を後方に置くだけで随分見えてくる風景が変わるというものです。ちなみにいま、私の教室では、教師用の机は子どもたちが横から見える位置に置くようにしています。

たったそれだけのことと思われるかもしれませんが、たったこれだけのことで随分見えてくるものが変わってくるものです。それは、子どもたちにとっても同様で、教師の机が前からなくなるということは視界から教師が消えるということです。ぜひ、いろいろな位置を試してみて下さい。

まず、子どもたちをしっかり見て、その実態を踏まえて、子どもたちのつながりを形成してく方策を講じるということなのでしょう。私は、鹿嶋先生が教室の後ろのドアから入られる姿を見て、そのようなことを強く感じました。

子どもたちのつながりをつくる

『プロフェッショナル 仕事の流儀』の中で使われていたキーワードの二つ目は、

つながりが人を支える

でした。ここで鹿嶋先生が大切にされているのが、「構成的グループエンカウンター」という手法です。ここで、少し「構成的グループエンカウンター」について紹介しておきたいと思います。

「エンカウンター」とは、ホンネを表現し合い、それを互いに認め合う体験のことです。この体験が、自分や他者への気づきを深めさせ、人とともに生きる喜びや、わが道を力強く歩む勇気をもたらします。構成的グループエンカウンターとは、リーダーの指示した課題をグループで行い、そのときの気持ちを率直に語り合うこと「心と心のキャッチボール」を通して、徐々にエンカウンター体験を深めていくものです。」

（「構成的グループエンカウンター」ＨＰ（http://www.toshobunka.jp/sge/index.htm）より）

『プロフェッショナル 仕事の流儀』の中でも紹介されていた「権利の熱気球」というワークシートは最もよく知られたものではないかと思います。構成的グループエンカウンターという言葉は知らなくても、この「権利の熱気球」のワークシートは見たことがある方も多いのではないでしょうか（三頁参照）。

このワークシートには、以下の10項目の権利が書かれています。

> 1．自分だけの部屋を持つ権利　2．きれいな空気を吸う権利　3．正直な意見が言え、それを聞いてもらえる権利　4．お小遣いをもらう権利　5．いじめられたり、命令、服従を強制されない権利　6．遊べる・休養できる時間をもつ権利　7．愛し・愛される権利　8．毎日、充分な食べ物と、きれいな水を与えられる権利　9．みんなと異なっている、違っていることを認められる権利　10．毎年、旅行をして、休暇を楽しむ権利

「権利の熱気球」では、「このままでは重くて気球が落ちてしまいます。そこで、捨てていいものか

ら順番に捨ててしまって気球を軽くしていこうと思います。さて、何番から捨てて行きますか」と問います。このワークシートは、前述したようにかなり広く普及しており、「構成的グループエンカウンター」といったことを意識せずに、単にゲームとして行っている教師も多いのではないかと心配しています。といいますのも、近年、学級経営がうまくいかない学級が増え、その解決策として、ＰＡ（プロジェクトアドベンチャー）、ＧＷＴ（グループワークトレーニング）、エンカウンター（構成的グループエンカウンター）などのワークシートなどが悪くいうと、つまみ食いといった感じで使われることが多くなっているように思うのです。

同じワークシートを使っても、教師の意図や計画性がしっかりしていないと、そのワークシートの力が半減してしまう、いや、もっと言えば効果が発揮されないものとなってしまうのではないかと思います。「とりあえず、このプリントが面白そうだからやってみようか」などという発想で使わないようにすることです。『プロフェッショナル　仕事の流儀』での鹿嶋先生の言葉からすると、10の権利の内容は、子どもたちの実態を踏まえて変えていくようです。

そして、大切なことは、

「グループの中で考えを出し合い、決して多数決では決めないこと。少数派の意見もしっかり聞き合う中で、グループの意見をまとめていってほしい。」

という言葉にあると思います。

「教師が権利の内容を子どもの実態を踏まえて考える」

「多数決ではなくグループ内での話し合いで決定する」

この二つが守られた時、このワークシートは絶大な力を発揮するのだと思います。それは、「自分のリアルな悩みを語り合うことになる」「何を言っても、受け入れてもらえる、聞いてもらえる」という関係を構築していくことになるからです。その結果として、テレビ放送の中で、鹿嶋学級の生徒たちは、いつまでも話し合いを続け、話し合いをやめようとしないという姿が映し出されていたわけです。また、インタビューに答えた生徒はこんな風に学級を分析していました。

「もうすごいです。みんなお互いに自由に話し合えるし、何かあったらみんなでバーっと集まって解決しちゃう。いじめなんてありえない。」

生徒をこのような状況にしてしまうための一番大切なことって何でしょう。映像を見ながら、私は考えていました。結論から言うと、やはり、私は「生徒一人ひとりをしっかり見ること」に尽きるのだろうなと思うのです。

テレビ放送の中で、鹿嶋先生が授業をされている場面がありました。この原稿を書くために、実は久しぶりに鹿嶋先生が出演されていた『プロフェッショナル 仕事の流儀』を見直していたのですが、「あっ、そうだった」と思わず、声をもらしていました。それは、鹿嶋先生が宿題のチェックをされている場面です。鹿嶋先生は授業中に教室を回りながら、ノートのチェックをされていっているのです。生徒のノートをチェックし、丸をつけ、一言声を掛ける。

「あっ、そうか。私はこの場面を覚えていて、自分の授業の中に取り入れようとしたのか。自分で思いついたように思っていたけれど、鹿嶋先生からの影響だったのか」と思うとなんだかうれしくなってきました。こんな風に書いても、何のことだかわかりませんよね。

実は、私はいまの勤務校で教科担任となり、社会科の専科として四クラスで授業をすることになったのです。その時、まずやってみようと思ったことは、授業の最初の三分を使って、子どもたち一人ひとりのノートをチェックし、丸をつけ、一言声を掛けることでした。

私の授業では、授業内容から疑問に思ったことや、もっと調べてみたいこと、授業の感想などを次の授業時間までにまとめてくることを自由課題としています。自由なのでやってこなくてもいいのです。このような設定を考えたのは、一つには小学校社会科授業の名人と言われた有田和正先生の「追究の鬼を育てる」に触発されてのことです。有田先生の学級では、子どもたちが授業を受けて、疑問に思ったことをどんどん調べ出すのです。子どもたちの驚くほどの追究が次の授業へとつながっていくのです。そこまではできなくても、主体的に調べたり、考えたりする子どもたちを育てていくために行うことにしました。

もう一点は、子どもたちとのつながりです。専科ですので、自分の担任する学級以外の学級の子どもたちとは、社会科の授業だけのつながりです。ほんの一瞬でも、ひとりずつと目を合わせ、声を掛ける時間をとるべきだなと感じたのです。私の勤務校では学級三〇人が基本ですので、三分（一八〇秒）使うと、一人当たり六秒ということになります。授業の最初の三分を使って、私は子どもたち一人ひとりのノートをチェックし、声を掛ける時間を取ることにしたのです。

この方法は、赴任して七年目になりますが、いまも変えていません。勤務校では毎年授業を公開していますので、授業後、毎回、このノートチェックのことが質問として出されます。私は有田先生からの影響と答えていたのですが、違いました。これは、鹿嶋先生からの影響でした。有田先生は授業中のノートチェックはしていませんものね。

毎時間、一人ひとりの子どもを見ていきたいと思います。一人ひとりの子どもと声を交わしたいと思います。ですが、それはそんなに簡単なことではありません。だったら、鹿嶋先生のように必ずその時間に生徒一人ひとりに声を掛けながらノートを見て行く。自分はそれをしていない。そのことがずっと頭の片隅に残っていたのだと思います。子どもたちを丸抱えする小学校ではその必要はないのですが、専科として学級に入ることが決まった時、思い出したのでしょう、きっと。

もう一つ、子どもを見るという点で、『プロフェッショナル 仕事の流儀』の中で気になる場面がありました。それは、子どもたちの実態を探るアンケートの実施です。「自分は認められているか」といった自己肯定感を看取るような内容が並んでいるものでした。

「いじめアンケート」なるものが文部科学省から下りてきて、強制的に実施することになって数年が経ちました。アンケートは大切です。しかし、大事なのは、やはり子どもたちの現状にあったものを実施することだと思います。テレビ放送の中で、鹿嶋先生はアンケートの中から山本くんの異変に気づき声を掛けます。でも、これは多分、山本くんの異変に気づき、アンケートを取り、適切に動いたという流れなんだろうなぁと感じました。

生徒の側から、声を出すきっかけをつくるということです。見るということの重要性を考える時、一番肝心なことは、「見えていないんじゃないか？」という危機感をつねに持つことではないでしょうか。私自身は、つねに危機感を持つように心がけています。例えば、子どもたち一人ひとりが、休み時間をどのように過ごしているのかを知ることは子どもたちのつながりを知る上でとても重要なことだと考えています。しかし、その様子をすべて見ることができるでしょうか。これは物理的に無理です。では、どうしたらいいのでしょう。

まずは、アンケートを取ればいいのです。「最近の休み時間のお気に入りの過ごし方は何ですか？」

と聞くのもよし。「最近、休み時間はどこにいることが多いですか？」と聞くのもいいでしょう。そういった機会を持つことで、何か不安を抱えた子どもはメッセージを発すると思うのです。みんな元気に見えるから、うちの学級は大丈夫などと決して思わないことです。

さらにもう一つ、子どもを見るという視点で、鹿嶋先生から学んだことがあります。これは、第一章の講演の中で語られていることなのですが、山本五十六の言葉を引用された点です。実は、私も山本五十六の言葉を座右の銘にしています、この言葉は、人を動かす最初の部分のみがすごく有名になりましたが、後半の部分も非常に示唆に富んだものとなっているのです。

やってみせ　言って聞かせて　させてみせ　ほめてやらねば　人は動かじ
話し合い　耳を傾け　承認し　任せてやらねば　人は育たず
やっている　姿を感謝で見守って　信頼せねば　人は実らず

教師の大切な仕事は、子どもたちを「育て」「実らせる」ことに他なりません。そのことを考えた時、この言葉はとても重要です。そこで一番大切になってくるのは、見ることに他ならないのです。

子どもたちのつながりを増やす

テレビ放送の中で、鹿嶋先生はこんな風に語られています。

「子どもたちのつながりを増やすことで、いじめを阻止することができると思っています。つながりを増やすことで、もし万が一そういうことが起こり始めても、止める子が出てくるはずです。」

その通りだと思います。現在、学級経営の指針として、「子どもたち同士の横のつながりをつくることの重要性」が叫ばれています。ひとりでいるような子がいないから大丈夫、ということではないのです。ガチガチに固定されてしまった友達関係は、いったんそこでうまくいかなくなると行き場を失ってしまいます。友達同士のつながりを増やすことによって、友達関係は柔軟性を持ったゆるやかなものになっていきます。つまり、絶対この子と一緒じゃないとイヤではなくて、ある時はこの子と一緒に、場面が変われば違う子と組んで活動できるという集団です。このようなつながりを増やすために行われるのが、「構成的グループエンカウンター」なのでしょうが、第一章の講演の中で鹿嶋先生は、漢字を使ったゲームなども紹介して下さいました。鹿嶋先生は中学校の理科の先生ですが、理科の授業時間を使ってやられる場合もあるとか。つまり、それほど大事だということでしょう。この漢字ゲームの利点は、大きく三点あると考えます。

一点目。グループで話し合う楽しさを学ぶ（漢字を使ったゲームなのでどの子も参加することができる）。

二点目。発表する楽しさを学ぶ（自分の発表に学級のみんなが反応してくれる楽しさを感じることができる）。

三点目。学級のみんなで一つの課題にチャレンジしていく楽しさを学ぶ（そもそも、授業ではこういう場面をつくりだせればいいのですが、なかなか難しいものです。逆にこういう体験をさせることで、そういう授業をつくりだしやすくなるのではないかと思います）。

実は、私も四月当初、学級の様子を見ながら、漢字ゲームを行うことがあります。私の行う漢字ゲームは、とても単純なものなので、小学校低学年から実施することが可能です。もちろん高学年でも大丈夫です。

「口に二画」という漢字ゲームです。これは、向山洋一先生（「教育技術法則化運動」ＴＯＳＳ（Teacher's Organization of Skill Sharing の略）代表）の実践を追試したものです。

やり方を簡単に紹介します。

①いまから「口に二画」という漢字ゲームを行います（と言って、黒板に口という漢字を書きます）。

②この口という漢字に二画を加えてできる漢字を探します。加えるのは必ず二画です。一画だけというのは駄目です（と言って、例として、黒板に書いた口に、イチ、ニと言いながら二画を加え、田という漢字に変化させます）。

③質問はありますか（ゲームの趣旨が理解できていない子がいないように質問を受けつけるようにします）。

④なお、口の形は縦長になっても横長になっても構いません（と言って、実際に黒板に縦長の口と横長の口を書いてみせます）。

⑤では、まずひとりで考えます。思いついた漢字を配った白い紙に書いていきましょう。時間は三分です（この時間は学級の実態に合わせます。集中の持続が難しい学級なら二分で十分です）。

⑥はい、やめて下さい。いくつ書けましたか？　ちょっと聞いてみましょう。そうですね、五つ以上書けた人はいますか。おー、すごい。では、六つの人？　七つの人？（いきなり一つ、二つと聞いていくと書けていない子にプレッシャーを与えてしまうので、ここは書けた子を讃えていくようにします。また、そんなにあるんだという意識を持たせます。場合によっては、二〇以上あると告げて、意欲を高めていくこともあります）。

⑦次に隣りの友達とペアで考えます。まず、それぞれ考えついた漢字を交流して、その後、一緒に考えましょう。大きな声で交流すると他の友達に情報がばれてしまいますから、声の大きさには気をつけましょうね。時間は同じく三分です（この時間も実態に合わせて下さい）。

⑧はい、やめて下さい。いくつ書けましたか？　ちょっと聞いてみましょう。では、五つ以上書けたペアはいますか？（ここでは多くのペアが五つ以上をクリアしているはずです。ペアでの健闘を讃えます）。

⑨では、次に前後のペアで合体して四人グループで考えます。同じようにペアで考えた漢字を交流して、その後、一緒に考えましょう。時間は、そうですね、やはり三分でいきましょう。どうぞ！（子どもたちの実態や、子どもたちの中から時間延長の要望が出た場合は五分もありです）。

⑩はい、やめて下さい（同じように書けた数を聞いていきます。この時にはどのグループも一〇程度探せているのではないでしょうか）。最高の数値を確認します。「すごい！　一五も探せたグループがいるよ！　拍手～」といった具合です。

⑪では、いまから探した漢字を発表してもらいます。どうぞ！（ここでは学級の実態によっては、こちらから指名していってもよいと思います。グループで相談しているので、誰でも答えられるはずです。また言ってもらって教師が黒板に書いてもいいでしょうし、前に出てきてもらって黒板に書

いていく発表の仕方でもいいと思います）。

これが、私の行っている漢字ゲームですが、ここから先の発表時間がなかなか楽しいものとなります。「目」だとか「由」なんて漢字はすぐに探せる漢字だと思うのですが、他のグループが探せていないような意外な漢字を、子どもたちは我先にと発表していくのです。例えば、

「可能の可という漢字があります。」

すると、学級の中から、

「おーっ！」

という感嘆の声が漏れるわけです。中には拍手をする子もいます。発表した子は実に誇らしげです。なかには、こんな発表も出てきます。

「えっと、何て読むのか知らないけど、ハリーポッターの本のタイトルにあったと思います。前に出て書いてもいいですか。『囚』っていう漢字です。」

「あっ、見たことあるよ。」

「それ、囚人の囚って漢字だよ。」

と助け舟を出す子も出てきます。……だいたい、こんな感じになります。三年生の教室でやって

どれだけ見つけられたかな？

田右司石台
甲古旦史号
申兄白加召
囚目四句叱
可叶只由占
叩

図1

も、六年生の教室でやっても、荒れた小学校でやっても、落ち着いた小学校でやっても、楽しく実施することができました。私も先に書いた三点のことを子どもたちに感じてほしいなぁと思い、この漢字ゲームを行っています。ちなみに、この「口に二画」ですが、上のような漢字があります（図1参照）。この漢字ゲームは手法として、ペアで考えたり、協同学習にもつながるものですので、授業時間を一時間分使ってしまうことになりますが、意味は大きいかなぁと考えています。

また、学級の中から出る「おーっ！」という声ですが、鹿嶋先生は「脳が新しい知識を得た時に出る言葉。いいよ。」という声かけをしていくそうですが、私は単純にその場で発表した子に聞きます。

「いま、みんなは『おーっ』って言ったよね。どうして？」

「えっと、考えていなかった意見が出て、すごいなって思ったから思わず出ちゃいました。」

「そうか。思わず出たんだね。」

「じゃあ、発表してくれた人は学級のみんなから『おーっ』って声が出た時、どう思いましたか？」

「何か、みんながびっくりしてくれたみたいでうれしかったです。」

「そうか。うれしかったんだ。では、この『おーっ』って声は増やしていけるといいね。自分が思ってもみなかった意見が出たときには『おーっ』だね。いい？」

子どもたちは楽しげに頷いてくれます。こんな些細なゲームなども取り入れて、いろいろなつながりを増やしていく。私も大切にしているのですが、鹿嶋先生から同じようなゲームが紹介されて、とてもうれしくなりました。いろいろな場面で、友達と関わりながら学ぶことの楽しさや、有効性を感じるような取り組みをいれていくことがとても大切なのだと感じているのです。

これからの授業

鼎談（第二章）の中では、構成的グループエンカウンターの話だけでなく、鹿嶋先生の理科の授業や、今後創り出していけるといいなと感じている授業について、三人で話をすることができました。

鹿嶋先生からは、「ビブリオバトル」の話もありましたが、これは、読書の時間などで行われるアクティビティの一つです。自分のお気に入りの本を紹介し、競い合うという活動がめざしているものは、子どもの主体的な学びにつなげていくことだと考えています。

これは最近よく叫ばれている、アクティブ・ラーニング、そのものではないでしょうか。また、小・中学校におけるアクティブ・ラーニングの授業は、大袈裟に考えなくても、多くの教師はすでに取り入れているのだと思います。例えば、小学校の低学年の実践でよく用いられる「〇〇博士になろう」など。

これらの授業に共通するのは、主体的に学んでいく子どもたちを育てていこうとする試みであると同時に、発表する場を設けていく、ということだと考えています。発表する場を設けることで、いわゆる教師の話を聞くだけなく、子どもたち同士が聞き合う、話し合う場を設定することができるのです。発表といいますと、黒板の前に出て全体に話をするイメージがあり、敷居が高いと思う方もいるかもしれませんが、ビブリオバトルがそうであるように、小グループの中での発表を考えていけば、ずいぶん敷居の低いものにしていくことができると思います。

鹿嶋先生の講演（第一章）では、何度も参加者同士が話し合う場面が持たれていました。そういう場を持つことで、知らない者同士だった参加者が講演終了時には、以前からの知り合いだったかのように雑談をする場面が多く見られました。一方的な講義という形式では、隣同士に座っても仲良くなることは稀でしょう。同様のことが日々の授業でも言えるのだと思います。ずっと講義形式の一斉授業を受けていたら、隣同士に座っていても、離れた場所に座っていても、まったく違いはありません。休み時間になっても、隣の子と話すことはなく、離れた場所に座っている仲の良い子の場所まで行って話すことを繰り返すだけでしょう。教師は意図的、計画的に、教室の中でグループを使って活動させる場面をつくりだすべきなのです。アクティブ・ラーニングという言葉に振り回されることなく、授業の中でも子どもたち同士のつながりをつくっていくという側面で考えても、それはとても大切なことだと考えています。ペアの活動や小グループでの活動を授業の中に少し取り入れていくだけで、同じ授業構成でも、より多くの子どもたちの意見を拾い上げていくことができると思います。

さらに、鼎談（第二章）の中では、「これまでの授業は問いは教師がつくっていたけれど、子どもたちが問いを生み出すような授業ができるといいね」という話が出ました。

その時、例として池田先生が紹介された本が、

『たった一つを変えるだけ　クラスも教師も自立する「質問づくり」』
（ダン・ロスステイン、ルース・サンタナ著、吉田新一郎訳、新評論）

でした。この本には、まさしく、子どもが問いを生み出す授業の有効性が書かれています。何を変えるのかというと、いままでは授業の中で、教師が子どもたちに質問をしていましたが、子どもたちが質問をする、ということです。つまり、教師は質問をしてはならず、子どもたちの質問づくりの手助けをするということです。

これは、教師の話を聞いて知識を詰め込んでテストをしても、すぐ忘れてしまい、結局、何を学んだのかわからないといったような、いままでの教育とは違い、子どもたちが自分で考え、友達と話し合い、自ら問いをたてることで、知識と考える力を養うというメソッドです。子どもたちが問いを生み出し、ディスカッションしていく授業は、子どもたちの主体的な学びやゆるやかな集団性を育むだけでなく、教材の深い理解にもつながっていく可能性を感じます。

実はこのあと、池田先生は大学生を対象に、私は小学校六年生を対象に、「問いを生み出す授業」を実施してみました。私は、協同学習の形態を使って、子どもたちが問いを生み出し、調べていくという流れの授業を考えてみました。本書の趣旨とは逸れますので、実践の詳細はここでは記載いたしませんが、六年生の歴史学習ではこういったアプローチの授業も面白いなと感じました。

これからの授業のことで、もう一つ書き添えておきたいことがあります。それは鹿嶋先生が『プロフェッショナル 仕事の流儀』の中で語られていた、「生徒たちに相手にされずにどうしようもなかった一年間」のことです。

もちろん内容は異なりますが、同じような話を私は、二人の著名な中学校教師から聞いたことがあります。一人は、北海道の中学校教師、石川晋先生です。大学時代にずいぶん教材研究を行い、自信を持って教員になったのだけれど、自分が用意した授業はまったく生徒に相手にされず、どうしようもない日々を過ごしたという話でした。もう一人は、大阪の中学校教師、河原和之先生です。荒れた中学校で生徒が落ち着かず、授業にならなかったという話でした。

お二人とも、多くの実践を著書という形でも世に問われている著名な先生です。私は、そんな力のある先生の授業が成立しなかったという話に耳を疑ったのをよく覚えています。しかし、これらの話は当然、それで終わりではありません。どの先生も、苦しみながら、生徒との関係をつくりあげ、授業を成立させていったのです。そこに、何かの共通点はないでしょうか。

鹿嶋先生は、『プロフェッショナル 仕事の流儀』の中で「宿泊学習の場を使って、保護者からの手紙をサプライズで生徒たちに配りました。すると、自然に生徒たちが感想を話し合い、学び合う空気感が生まれた」ことを一つのきっかけとして話されていました。

石川先生は、読み聞かせを行ったところ、いままでまったく授業に興味を示さなかった生徒が静かに聞き、終わったあと、ある生徒が、「こんなのなら次も聞いてやってもいいぞ」と言ったのが一つのきっかけだったというような話をして下さいました。

河原先生は、教科書の内容をそのまま教えるのではなく、生徒たちが興味を示しそうな授業のネタを探し続けることで、生徒たちの授業への参加する態度が徐々に変わっていったことを話して下さいました。

私は、この三人の取られた行動には共通点があると思っています。それは、何かといいますと、

それまでの自分の授業観、指導観を捨てて、生徒を見る

ということです。それから、もう一つ。

決して見捨てない、あきらめない

という姿勢です。すべての子どもたちにうまくいく方法なんてありはしません。そんな時、大切なのは目の前にいる子どもたちをしっかり見ること。そして授業をつくっていくことに尽きると思います。どんなに時代が変わってもそのことは変わらないのだと思います。「不易流行」という言葉を噛み締めて授業をつくっていく必要を鹿嶋先生の映像から教えていただいた気がしているのです。

人の中で人は育つ

「人の中で人は育つ」とは、鹿嶋先生が『プロフェッショナル 仕事の流儀』に出演された時のタイトルになっていた言葉です。同時に、「明日の教室」で講演いただいた時も、この言葉をタイトルとさせていただきました。

私が、鹿嶋先生の実践から学ばせていただいたことを一言で表すならば、この言葉になると思います。だからこそ、私は学校という場が必要なのだと思います。そのことに異論を挟む方はいらっしゃらないでしょう。

例えば、最近よく話題になりますが、「一〇年後には、今ある仕事の約半分が機械に奪われるだろう」（英・オックスフォード大学でＡＩ（人工知能）などの研究を行うマイケル・Ａ・オズボーン准教授の論）という話があります。教科の学習を教えていく教師の仕事のあり方は、今後大きく変わっていくのかもしれません。しかし私は、学校はなくならないと信じています。なぜなら、学校という場は、子どもたちが教科の学習を学んでいく場だけでなく、人との交わりや、協力することの大切さや難しさ、自治能力といった社会での生き方を学ぶ場であるからです。これは、インターネットの世界では学び得ないものだとも考えています。つまり、「人の中で人は育つ」ということです。リアルな世界で実際に出会うことに大きな意味があると思います。

しかし、今の学校の現状はどうでしょう？

学校の中で、少なくない数の学級がうまくいかず、学級崩壊に陥ったり、いじめ問題に悩んでいたりします。良くも悪くも、「人の中で人は育つ」のです。だからこそ、私たち教師は、子どもたちが安心して自分を表現する場をつくらないといけないのです。この言葉を見た時、私はそう強く感じました。

私自身も、そのことを強く感じながら、学級経営に取り組んでいます。毎年、自分なりに納得できる学級になっているつもりでいました。そんな私が見ても、テレビ映像の中の鹿嶋学級の卒業前の姿には圧倒されました。それは、最後に学級全員で円になり、手をつなぐ。それだけです。この一年間のいろいろな思いを込めて手をつなぐ。たったそれだけで、微笑んでいる生徒、涙する生徒……。話は少し逸れるかもしれませんが、「学級で円になる」というアクティビティを私は一年間に何度も行います。これも、鹿嶋学級のこの映像が頭に焼きついているからなのだと思います。

何か学級で話し合いを持つときは、

「じゃあ、円になって座ろうか」

と声を掛けます。

これを何度か繰り返すと、子どもたちも自分たちで話し合いをしようという時には、自然に「円になろう」と声を掛け合うようになるのです。円になることで、話し合いをする時に、自然に相手の顔を見て話す、聞くという姿勢がとりやすくなります。何度か繰り返すと、子どもたちもそのほうが話しやすいし、聞きやすいことに気づくのだと思います。

昨年（平成二七年）の学級は、男女仲が悪いわけではなかったのですが、最初、円になった時は、きれいに半円ずつ男女にわかれて座っていました。しかし、一年間、いろいろな取り組みをして、卒業前に円になって座った時には、男女入り乱れて、にこやかに座っていました。円になって座るという行為だけでも、学級の状態を見ることはできるのです。

私の学級でもにこやかに座り、なかには涙する子どももいました。けれども、テレビ放送で見た鹿嶋学級の空気感とは違いました。なんて言えば伝わるのでしょうか。お互いを愛しむような柔らかな空気感が画面からでも感じられたのです。それは、この数年間、私の学級の学級目標である、

卒業する時に、このクラスでよかったと思えるクラスにする

という目標に通じるところがあると思うのです。私自身も、この目標をできるだけ高いレベルで達成したいと考えています。今、私の目標の一つは、卒業前に円になって手をつないだ時に、鹿嶋学級のような空気感を生み出せる学級をつくることです。

若い先生方に伝えたいことがあります。

「人の中で人は育つ」。

だからこそ、私たち教師は、よりよい集団をつくっていかねばならないということです。そういった学級をつくりだしていくのは、大変なことです。決して近道はありません。子どもたちをしっかり見て、子どもたち同士のつながりをつくりながら育てていくしかないのです。決して、「別に普通で

いい」などと思わないことです。私は公立小学校時代、一番腹が立った言葉は、ベテラン教師が若手教師に向かって、

「こうすれば手を抜くことができるのよ。」

といった言葉を自慢げに話していた場面です。

勘違いしないで下さい。私は苦しむべきだなどと言っているのではありません。きちんとした仕事をするべきだと思っているのです。若い頃、野口芳宏先生（現、植草学園大学名誉教授）に教えていただいた言葉を、私は大切にしながら教師人生を送ってきたつもりです。それは、

経験は意図的、計画的に積み上げなければ力にはならない

という言葉です。

教師であるならば、誰しも同じような経験を積んでいくはずです。しかし、どうしてこれほどの差が生じるのでしょうか。きちんと積み上げていけば、年々楽になるのです。そこに近道はありません。手を抜けば、手を抜いただけの教師人生しか待っていないのです。

もう一つ、私が公立小学校に勤務していた時の校長先生の言葉に忘れられない言葉があります。それは、

教師になった時点で、そこをスタートと考える教師と、

ゴールと考える教師がいる、そりゃあ違うわな。

という言葉です。

教師になったのは、スタートラインについただけのことです。ゴールなどではありません。本当に良いものを見るべきです。宣伝になりますが、そのために、私は「明日の教室」を立ち上げました。毎月一回、京都橘大学に一流の講師をお招きし、その教育にかける信念を語っていただいています。どうぞ、学びに来て下さい。

一歩でも先へ……。

その思いが必要なのだと私は思っているのです。

おわりに

書籍化するにあたり、私に鹿嶋先生の何が語れるのだろう。そんな自問自答を繰り返すうちに、月日がどんどん過ぎていってしまいました。本文にも書きましたように、鹿嶋先生が中学校教師として活躍されていた頃、私との接点は何もなかったのです。たった一本のテレビ番組の映像が、ずっと私の頭の中に残り続けていたのです。映像の威力というのはいやはや凄いものです。そんなことを考えると、私が主宰する「明日の教室」で出している「明日の教室ＤＶＤ」というのは、想像以上に教育界に貢献しているのかもしれませんね。ぜひ、お買い求め下さい。

さて、第一回目の「伝説の教師」にお越しいただいた鈴木惠子先生、第二回目の漆間浩一先生に続く第三回目の鹿嶋真弓先生の本の出版がずいぶん遅れてしまったことをお詫びいたします。

鹿嶋先生の映像を繰り返し見る中で、私は鹿嶋先生の言葉や所作に驚くほど感化されていたのだと再確認しました。しかし、少し高慢な言い方になるかもしれませんが、それは「私だから見えた」部分もあるのではないかと考えているのです。だからこそ、私は映像でしか残っていない鹿嶋学級を何とか鹿嶋先生の言葉によって鮮明なものとし、それを映像と書籍という形で残していくことが私の仕事なのだと考えたのです。鹿嶋先生の講演は、本書に記録されていますが、素晴らしいものでした。何が素晴らしいかといいますと、実践のバックボーンを語っていただいたことです。そのことによって、なぜ、それをされたのかということが、聞き手の中に鮮明に落とし込まれていったのではないでしょうか。

最近、私は「器」に興味を持つようになりました。住んでいるのが京都ですので、骨董市なども定期的に開催されています。足を運ぶのですが、最初は、何がいいのか、さっぱり分かりませんでした。趣味にされている人の話などをうかがうと、「気に入ったものを選べばいいのよ」などと言われるのですが、何が何だか分からないといった状態だったのです。でも、最近になって、「あっ、これがいいな」という判断ができるようになってきました。決め手は、「一流と言われるものを見る」を繰り返したことによるものだと思います。美術館や博物館に通い、本物を見ることによって、私自身の見る目が磨かれていったのだと思います。

これは、教育の世界にも言えることなのではないでしょうか。子どもたちにどう対応したらいいか、どう授業をすすめたらいいかといったことに悩んでいる若手教師は年々増えていっているように思います。どうしたらいいのか。私は一流と呼ばれる方の教室を、授業を見せてもらうことだと思います。そうすることで、初めて、目が磨かれていくのだと思います。それは、ハウツーだけが書かれている本では学べません。ぜひ、本物に触れながら学んでいってほしいと思います。

今回も多くの方に御力をお借りする中で、本書が仕上がりました。まず筆頭は、辛抱強く原稿の仕上がりを待っていただいた編集部の加藤愛さん。今、脚光を浴びている書籍の多くが加藤愛さんが仕掛けている仕事であることをご存知でしょうか。この場を借りて、一緒に仕事できたことに深く感謝を申し上げたいと思います。

次に、平井良信さんには、毎回の講座を素晴らしい映像にまとめていただいています。平井さんの手によって編集された「明日の教室DVD」は、五〇枚になりました。今回の講座の詳細な内容も、この映像に助けられました。深く感謝を申し上げたいと思います。

さらに、感謝申し上げなければならないのは、毎回、「明日の教室」に参加いただいている先生方です。参加いただける方がいなければ、運営自体が成り立ちません。参加いただく先生方の期待を裏切らない「本物の教師、一流の方」を今後もお招き続けることで感謝を表したいと思います。

この本が全国の教室の救いになることを信じています。

平成二九年一月　窓の外に広がる雪景色を見ながら　糸井 登

[著者紹介]

糸井　登（いとい・すすむ）
担当：第一章、第二章、第三章
1959年生まれ。京都府の公立小学校に27年間勤務した後、2010年から立命館小学校に籍を移す。「明日の教室」代表。「NPO 法人・子どもとアーティストの出会い」理事。主な著書に、『糸井登　エピソードで語る教師力の極意』（明治図書出版）、『ファックス資料社会科の基礎・基本のワークシート　小学校５年』（学事出版）、編著に、『言語活動が充実するおもしろ授業デザイン集低・中・高学年』（学事出版）などがある。

池田　修（いけだ・おさむ）　担当：第一章、第二章、題字
1962年生まれ。東京都の中学校国語教師を経て、現在、京都橘大学発達教育学部児童教育学科教授。「明日の教室」事務局。授業づくりネットワーク会員、全国教室ディベート連盟会員。主な著書に、『新版 教師になるということ』（学陽書房）、『こんな時どう言い返す　ユーモアあふれる担任の言葉』、『先生 子どもたちをよろしく！ 担任の仕事を楽しもう』（学事出版）などがある。

鹿嶋真弓（かしま・まゆみ）　担当：第一章、第二章
高知大学教育学部准教授。筑波大学大学院教育研究科カウンセリング専攻修了。筑波大学大学院博士後期課程人間総合科学研究科生涯発達科学専攻修了（カウンセリング科学）。ガイダンスカウンセラー、認定カウンセラー、上級教育カウンセラー、学級経営スーパーバイザー。平成21年度文部科学大臣優秀教員表彰（生徒指導・進路指導）受賞。専門は学級経営、教育心理学、カウンセリング科学。東京都内の公立中学校で30年間勤務。その後、神奈川県逗子市教育研究所の所長を経て、平成25年１月より現職。著書『ひらめき体験教室へようこそ』『うまい先生に学ぶ 学級づくり・授業づくり・人づくり』（以上、図書文化）他多数。

＊ DVD「伝説の教師シリーズⅢ鹿嶋真弓」では、本書にも収録した講演と鼎談がノーカットで収録されています。本書と合わせて、ご覧いただけると幸いです。
制作・発売：有限会社カヤ（〒540-0013　大阪府大阪市中央区内久宝寺町 3-4-8-902
TEL&FAX：06-6940-1314　E-mail：kaya@sogogakushu.gr.jp）

伝説の教師　鹿嶋真弓
「明日の教室」発！　互いに認め合い高め合う学級づくり

2017年３月10日　初版発行

著　者　糸井登・池田修・鹿嶋真弓
発行者　安部英行
発行所　学事出版株式会社
〒101-0021　東京都千代田区外神田2-2-3
TEL　03-3255-5471／URL：http:/www. gakuji. co. jp

編集担当　加藤　愛／編集協力　西田ひろみ
装丁　中村泰宏　イラスト　松永えりか（フェニックス）
印刷製本　精文堂印刷株式会社

ISBN978-4-7619-2313-6　C3037